Markus Inama

Einen Atemzug über mich hinaus

Markus Inama

Einen Atemzug über mich hinaus

Mein Weg zu den Jesuiten und in die Sozialarbeit

Tyrolia-Verlag · Innsbruck-Wien

„Für Gott ist nichts weit.
Und man braucht nicht zu befürchten,
dass er am Weltende den Ort nicht findet,
wo er mich auferwecken soll."
Augustinus[1]

1 Augustinus, Bekenntnisse, Reclam, Stuttgart 2017, S. 242.

Gewidmet allen,
die ihre Lebenszeit, ihre Kontakte,
ihre Geld- und Sachspenden für Menschen
in ganz schwierigen Situationen einsetzen und so
ihre Spielräume zum Guten hin nützen.

Inhalt

Vorwort

Schon einmal hatte ich einen Versuch unternommen, einen tagebuchartigen Reisebericht, den ich aus einer Laune heraus vor über dreißig Jahren im Altpapier entsorgt hatte, aus meinem Gedächtnis zu rekonstruieren. Der Versuch scheiterte, weil es mir nicht gelang, mich in das Lebensgefühl eines späten Teenagers hineinzudenken.

Nachdem ich 2018 wieder nach Wien übersiedelt bin, begegnete ich bei einer Veranstaltung einer Liebe aus meiner Jugendzeit. Ich unterhielt mich gerade, als mir eine Frau vorgestellt wurde, die ich kurz bemerkt, aber nicht weiter beachtet hatte. Ich fiel aus allen Wolken, als ich ihr in die Augen schaute. Wir umarmten uns. Im Nachhinein wunderte ich mich darüber, dass ich sie nicht sofort erkannt hatte. Im Anschluss an die Ausstellung setzten wir uns in kleiner Runde in ein Café. Sie saß neben mir. Abgesehen von einigen grauen Haarsträhnen hatte sie sich nicht verändert. Ihre Stimme klang noch wie früher. Wir trafen uns danach noch zwei Mal.

Die Begegnung wühlte mich auf und ließ mich nicht so schnell wieder los. Ich begann niederzuschreiben, was ich empfand, und entdeckte plötzlich Anknüpfungspunkte an die Zeit als Teenager. Die Träume und Sehnsüchte, die mich damals zu meiner Reise in die USA inspirierten, waren auf einmal wieder ziemlich konkret.

Dazu kam, dass ich kurze Zeit später durch die Corona-Maßnahmen mehr Zeit zum Nachdenken hatte, als mir lieb war. Das Schreiben wurde, neben den wenigen Aktivitäten in unserer zwölfköpfigen Jesuitenkommunität und den regelmäßigen Online-Sitzungen mit meinen Kolleginnen und Kollegen von den Concordia-Sozialprojekten in Osteuropa, mehr und mehr zu einer willkommenen Abwechslung. Es tat gut, angesichts der Ungewissheit, welche die Pandemie mit sich brachte, in Gedanken Abenteuer zu erleben, von denen ich wusste, wie sie enden werden. Mein Bewegungsspielraum in der Realität beschränkte sich auf den ersten und zweiten Wiener Gemeindebezirk. Die Welt, in der ich mich schreibend bewegte, reichte von Australien über Nord- und Mittelamerika bis in die Türkei und die Republik Moldau.

In einem Artikel habe ich gelesen, dass Kleinkinder Worte, die sie vor einer Erkrankung nicht verwendet hatten, nach ihrer Genesung in ihren aktiven Wortschatz integriert hatten. Meine Erfahrung in der Corona-Pandemie, sowohl andere betreffend als auch mich selbst, spiegeln das wider. Die Pandemie förderte Erlebnisse zu Tage, die ich glaubte, vergessen gehabt zu haben, und ich nahm mir die Zeit, sie in Worte zu fassen. Mal waren es kleine und unscheinbare Dinge, mal Großes und nahe am aktuellen „Weltgeschehen", mal Schönes, mal Schweres, dann wieder ein Hindernis oder ein Umweg, unerwartete Wegweiser und überraschende Begegnungen.

Wenn ich mit Menschen ins Gespräch komme, werde ich oft gefragt, wie ich auf die Idee gekommen bin, in einen Orden einzutreten. Meistens bleibt zu wenig Zeit für eine ausführliche Antwort. Immer wieder musste ich mir eingestehen, dass ich die Frage selbst nicht beantworten konnte. Das vorliegende Buch ist ein Versuch, mich ehrlich und geradeheraus mit dieser Frage auseinanderzusetzen. Es würde mich freuen, wenn Sie durch meine Geschichte inspiriert werden, der Frage Ihrer persönlichen Berufung nachzugehen.

Vor einigen Jahren entwickelten zwei Jesuiten einen Ratgeber[2], der sieben Schritte aufzählt, die beim Treffen von Entscheidungen hilfreich sein können. Ich hatte den Ratgeber bei Einkehrtagen für junge Menschen verwendet und stellte fest, dass sich die Schritte mit bestimmten Phasen meines Lebens verbinden ließen und sich als Überschriften für meine biografischen Aufzeichnungen eignen. Die Reise nach Amerika, die ich mit zwanzig Jahren unternahm, um mir einen Jugendtraum zu erfüllen. Oder mein Engagement für Menschen am Rand der Gesellschaft, die mir das Gefühl geben, dass ich mit meinen Fähigkeiten etwas Positives bewirken kann. Oder die Spiritualität der Jesuiten, die mir hilft, Herz und Hirn zusammenzubringen.

Wenn ich auf Reisen bin und etwas Aufregendes erlebe, kommt mir automatisch der Gedanke, dass ich das Erlebte am Ziel meiner Reise einem Freund oder einer Freundin erzählen werde. Wahrscheinlich habe ich als Kind vermittelt bekommen, dass Menschen ein offenes Ohr dafür haben, was ich an Schönem oder Schwierigem erlebt habe. Umgekehrt werde ich durch Erlebnisse, die andere mit mir teilen, motiviert, mich aufzumachen, etwas Ähnliches oder Neues zu versuchen. Dieses Buch kann, so hoffe ich, beitragen, den Blickwinkel auf das eigene Leben zu weiten, und vielleicht sogar Mut machen, Neues oder lang Ersehntes anzupacken und auszuprobieren.

---

2 Johannes Herz, Workshop „Entscheiden“, Theo-Tag, Salzburg, 06.02.2013.

Wo zieht es dich hin?

Meine Reise nach Amerika

Nimm dir Zeit, deine Träume und Wünsche anzuschauen!

Ich liebe es, unter Menschen zu sein. Trotzdem brauche ich hin und wieder Zeiten für mich, um auf meiner inneren Suche weiterzukommen und die tiefste Sehnsucht und die tiefsten Wünsche in meinem Leben zu entdecken.

Die Reise in die USA, die ich im Jahr 1983 als Zwanzigjähriger unternahm, war für mich ein Ausbrechen aus einer Welt, die mir zu eng geworden war, und der Versuch, Frustrationen und Verwundungen, die ich während meiner Schulzeit erlebt hatte, hinter mir zu lassen. Die Musik und die Filme, die mir geholfen hatten, die schwierigen Schuljahre zu überbrücken, kamen zum überwiegenden Teil aus den USA. Meine Lieblingsszene im Film *Einer flog über das Kuckucksnest* war, als der „stumme" Häuptling am Ende des Streifens einen Spültisch aus der Verankerung reißt und aus dem Fenster der psychiatrischen Anstalt wirft. Die vergitterten Fenster zerbersten und der Weg in die Freiheit steht offen.

Als ich meinem Vater erzählte, dass ich in die USA reisen möchte, meinte er nur, dass er nichts dagegen habe, das Geld müsse ich mir aber selbst verdienen. Nachdem ich das Startkapital beisammen und bei einer Billigfluglinie ein Ticket gekauft hatte, meinte mein Vater, dass ich nach zwei Wochen ohnehin wieder zurückkommen werde. Dass dieses Szenario nicht so unwahrscheinlich war, wurde mir bald nach meiner Ankunft in den USA bewusst.

Beim nächtlichen Landeanflug auf Los Angeles staunte ich über die Ausdehnung der Stadt. Soweit das Auge reichte, sah ich nur beleuchtete Straßenzüge. Einer der Kofferträger, der bei der Gepäckausgabe stand, musste mich sofort als Greenhorn erkannt haben. Er schnappte sich meine Reisetasche und trug sie zum Taxi. Die Freude über die Hilfsbereitschaft währte nur kurz. Ich ärgerte mich, wie geschickt mir das Geld aus der Tasche gezogen wurde. Bevor ich ins Taxi stieg, war meine Geldbörse schon um fünf Dollar leichter. Ich verbrachte eine Nacht in einer Jugendherberge in Hollywood. Die Idee, allein mit einem Auto quer durch die Staaten zu reisen, verwarf ich, nachdem ich in den Zeitungen vergeblich nach billigen Gebrauchtwagen gesucht hatte.

Ich nahm den Bus Richtung Norden. Meine erste Anlaufstelle in San Francisco war ein Mitschüler meines Vaters, der in jungen Jahren in die USA ausgewandert war. Er wohnte mit seinem Partner in einem Hochhaus mitten in San Francisco. Für eine Nacht konnte ich bei ihnen bleiben. Danach kam ich bei einer Vorarlberger Studentin unter, die in San Francisco als Au-pair arbeitete. Solange ihre Familie auf Urlaub war, durfte ich in einem der leerstehenden Zimmer schlafen. In einem Restaurant an der Van-Ness-Avenue kam ich mit einer jungen Kellnerin aus Slowenien ins Gespräch. Sie stellte mich dem Chefkellner vor, bei dem ich mich als Tellerwäscher bewarb. Am nächsten Abend rief ich wie vereinbart im City-Café an und ich bekam den Job. Ich konnte als *Buzzboy* beginnen, was so viel wie Hilfskellner bedeutet. Nach ein paar Tagen Einarbeitungszeit wurde ich zum Kellner befördert und vorwiegend für die *Graveyardshift* (Nachtschicht) eingeteilt. Der Inhaber des City-Cafés hieß Sam. Er war ein ruhiger und sehr freundlicher Mann um die fünfzig und stammte aus dem Irak. Er hatte noch ein zweites Restaurant, das angeblich sehr gut laufen solle. Gelegentlich war er in der Küche des City-Cafés anzutreffen. Bei meiner ersten Schicht als Kellner gab er mir ein paar grundlegende Tipps. Zum Beispiel, dass ich mein Gesicht nicht mit meinen Händen berühren soll oder dass ich vor den Gästen nicht essen darf. Mir halfen auch ein paar Handgriffe, die ich mir von meinem jüngeren Bruder abgeschaut hatte, der die Hotelfachschule absolvierte. Mit dem Kommunizieren tat ich mich schwer. Ich war zuvor noch nie im englischsprachigen Ausland gewesen. Mein Schulenglisch war eher auf den technischen Bereich ausgerichtet. Es gelang mir nur langsam, meinen aktiven Wortschatz zu erweitern. Manchmal fielen mir die einfachsten Worte nicht ein. Dann wusste ich im ersten Moment nicht, was ein Gast meinte, als er sich beschwerte, dass ein *Cockroach* (Kakerlake) aus seinem Salat gekrochen sei. Ich musste den Koch um Hilfe bitten, der sich entschuldigte.

In San Francisco waren viele Gastbetriebe während der Wintermonate schlecht ausgelastet und kämpften ums Überleben. Es wurde Personal mit wenig Vorkenntnis und ohne Arbeitserlaubnis eingestellt. Ich war nicht der einzige. Für zwei Wochen gehörte ein junger Mann aus dem Irak zu unserem Team. Während seiner Schicht, vor allem dann, wenn es hektisch wurde, verschwand er für einige Zeit auf die Toilette. Er hatte ein Drogenproblem, ich glaube, es war Kokain. Nachdem er öfter ein Chaos hinterlassen hatte, musste er wieder gehen.

Inzwischen war die Au-pair-Familie zurück aus dem Urlaub und ich musste das Zimmer räumen, das ich für eine Woche bewohnt hatte. Die Bekannte aus Vorarlberg vermittelte mich an eine ihrer Freundinnen, die am Stadtrand von San Francisco in einem kleinen Häuschen wohnte. Sie hatte einen Hund, der mir anfangs großen Respekt einflößte. Der Boxer und ich gewöhnten uns aber erstaunlich schnell aneinander. Er erkannte mich, wenn ich in der Früh um 7 Uhr aus der Nachtschicht zurückkam und mit dem Schlüssel, der in einem mit Sand gefüllten Blumentopf versteckt war, die Tür öffnete. Ich schlief in einer Nische auf einer Matratze. Bettwäsche brauchte ich keine, weil ich meinen Schlafsack dabeihatte. Den Weg ins Stadtzentrum legte ich mit dem öffentlichen Bus zurück, was sehr zeitaufwändig war. Nach einer anstrengenden Nachtschicht schlief ich einmal auf der Fahrt ein und wachte erst auf, als der Bus am Umkehrplatz eine Pause machte.

In meiner Freizeit lernte ich die verschiedenen Stadtteile San Franciscos mit ihrem je eigenen Flair kennen: Little Italy, Russian Hill und Fisherman's Wharf. Am besten gefiel mir China-Town. Dort fand ich dank meines Reiseführers Lokale, in denen es gutes und preisgünstiges Essen gab. Einmal spazierte ich über die Golden Gate Bridge bis zum Städtchen Sausalito, wo ich in einer Buchhandlung von einer jungen Frau angequatscht wurde. Mir war neu, dass Buchhandlungen beliebte Orte sind, wo Frauen nach Männern Ausschau halten und wahrscheinlich auch umgekehrt. Wir verabredeten uns in einem Lokal in der Nähe des Broadway-Tunnels zu einem Konzert der Band *Spyro Gyra*. Dabei blieb es aber auch. An meinen freien Abenden zog es mich öfter ins *Rolands*, ein Jazzlokal in Gehdistanz zum City-Café. Der Mittelpunkt der Hausband war der Saxophonist, der in einem bequemen Sessel saß und eine große Ruhe ausstrahlte. Die Leichtigkeit und Beschwingtheit seines Spiels standen im Gegensatz zu seiner Leibesfülle. Ich genoss die Musik und die entspannte Atmosphäre. Auch meinen Geburtstag feierte ich dort.

Jemand erklärte mir, dass in den USA die Kälte des Winters weiter in den Süden reicht als in Europa, weil es keine Gebirgsketten gibt, die wie die Alpen von Westen nach Osten verlaufen und kalte Strömungen aus dem Norden abmildern. Ob diese Erklärung meteorologisch stichfest ist, weiß ich nicht. Ich hatte mir den Winter in San Francisco definitiv wärmer vorgestellt. Weil ich mehr und mehr Nachtdienste übernahm und die Sonne am Nachmittag, als ich aufstand, schon wieder untergegangen war, erlebte ich die Stadt praktisch ohne Tageslicht. Die vielen obdachlosen Menschen stachen mir ins Auge. Zum Beispiel ein Mann, der trotz der kalten Temperaturen barfuß vor einem Café stand und um Wechselgeld bettelte. Oder die *Shopping-Bag-Ladies*: Frauen, die umringt von prall gefüllten Einkaufstaschen, in denen sich ihre ganze Habe befand, in den Hauptverkehrsstraßen saßen. Mit ihren schmutzigen Mänteln, ihren dicken Wollmützen und ihrem verfilzten Haar waren sie inmitten der Taschen kaum auszumachen. Diese traurigen Gestalten bildeten einen Kontrapunkt zur Geschäftigkeit und zum Glanz der Großstadt. So komisch es klingt, irgendwie gaben sie dieser Millionenstadt ein menschliches Gesicht.

Die Abende vor meiner Nachtschicht verbrachte ich gerne in der siebzehnstöckigen Eingangshalle des *Embarcadero Center.* Ich beobachtete die gläsernen Aufzüge, die die Hotelgäste in die oberen Etagen beförderten. Es war Advent und auf einem Klavier wurden Weihnachtslieder gespielt. Mich in der Halle aufzuhalten, ohne im Hotel zu wohnen oder in einem der Shops oder Cafés etwas konsumieren zu wollen, sondern ganz einfach, weil es warm war, vermittelte mir ein eigenartiges Gefühl. Einerseits genoss ich die angenehme Atmosphäre, andererseits fühlte ich mich deplatziert. Ich fragte mich, ob sich obdachlose Menschen in dieser Stadt ähnlich fühlten und was sie veranlasste, in San Francisco zu bleiben. Vielleicht hatten sie hier ihr Glück versucht und waren gestrandet. Oder sie hatten ganz einfach keinen anderen Ort. Die Stadt bot Nischen, wo sie unterkommen konnten, sie fanden Möglichkeiten, sich etwas zum Essen zu beschaffen oder sich durch die eine oder andere Tätigkeit – und sei's durch Betteln – ein paar Cent zu verdienen. Verglichen mit obdachlosen Menschen ging es mir gut. Ich wollte von meiner Heimat weg. Nun wurde mir bewusst, dass es gut war, einen Ort zu haben, an den ich zurückkehren konnte. Menschen, die auf der Straße lebten, hatten diesen Ort offensichtlich nicht.

Allzu lange konnte ich nicht in der wohligen Atmosphäre des *Embarcadero Centers* verweilen. Um 21 Uhr musste ich aufbrechen und die Nachtschicht antreten. Die Nächte im City Café waren in der Regel ruhig. Irgendwann nach 2 Uhr früh leerte sich das Lokal. Ich suchte mir auf der Speisekarte für Mitarbeiterinnen und Mitarbeiter, auf der die teureren Sachen ausgespart blieben, ein Essen aus, das mir der Koch zubereitete. Danach war von ihm und dem älteren Herrn aus Indien, der sich in der Küche um das schmutzige Geschirr kümmerte, bis zum Morgengrauen nichts mehr zu sehen. Ich stellte im Radio einen Sender ein, der ruhigen Jazz spielte, und setzte mich an einen Tisch, von dem aus ich die Eingangstür im Blick hatte. Bei Gitarrenmusik von Will Ackerman oder Klaviermusik von George Winston ließ ich meinen Blick über die Straßen San Franciscos schweifen. In diesen ruhigen Momenten hatte ich ein wenig das Gefühl, dass mein Traum von einem Leben in Freiheit in Erfüllung gegangen war. Es gab aber auch Nächte, in denen aus unerfindlichen Gründen extrem viel los war – so, als ob sich ganz San Francisco im City-Café verabredet hätte – und ich mir die Beine aus dem Leib rennen musste. Für diesen Andrang waren wir personell völlig unterbesetzt. Trotzdem gelang es unserem Dreierteam, die Wünsche der Gäste einigermaßen zufrieden zu stellen. Einmal hat mich mein Chef noch zwei Tage später auf den Umsatz angesprochen, den wir in einer dieser hektischen Nächte gemacht hatten.

Gegen Ende der Nachtschicht war es meine Aufgabe, die Zutaten fürs Frühstück aufzustocken, damit diejenigen, die um 6 Uhr ihren Dienst begannen, aus dem Vollen schöpfen konnten. Für die Frühschicht wurde ich selten eingeteilt. Bei der Einschulung fielen mir die vielen verschiedenen Varianten auf, wie in den USA Eier zubereitet werden. Was *Scrambled Eggs* (Rühreier) sind, leuchtete mir ein, aber was *Eggs over easy* (Eier von beiden Seiten leicht angebraten) sein sollten, überstieg den engen Horizont eines Westösterreichers. Als sich die *Vienna Choir Boys* (Wiener Sängerknaben) für das Frühstück im City-Café ankündigten, wurde ich gebeten, auszuhelfen. Der Chor befand sich auf einer Tournee und wohnte im Hotel nebenan. Die Überraschung, in San Francisco von einem Österreicher bedient zu werden, war den Sängerknaben aber nicht anzumerken. Entweder waren sie zu müde, oder sie hatten noch nie einen Vorarlberger Hochdeutsch reden gehört.

Ich erzählte Cathy, einer Arbeitskollegin, von meiner unbefriedigenden Wohnsituation am Stadtrand. Sie meinte, dass ich bei ihr übernachten könne. Nach einem Nachtdienst holte ich den Zweitschlüssel bei ihr und bekam einen Einblick in ihre Wohnsituation. Sie hatte ein Zimmer in einer WG. Es gab eine kleine Küche, ein Bad und auf dem Flur stand ein Fernseher. Die Wohnung lag zwar eindeutig zentraler, aber ich fragte mich, wie das Teilen eines Zimmers mit einer Frau funktionieren würde. Ich fuhr in meine bisherige Unterkunft, packte meine Sachen zusammen, bedankte mich bei meiner Wohnungsgeberin und verabschiedete mich bei ihr und ihrem Hund. Als ich in der Wohnung von Cathy ankam, war sie nicht mehr da. Ich stellte meine Tasche neben die Kommode, das einzige Möbelstück im Raum, und packte meinen Schlafsack aus. Ich legte mich ans Ende der Matratze und schlief ein. Die restlichen WG-Mitglieder, die ich nach und nach kennenlernte, waren alle Männer und kamen aus Asien. Sie teilten sich jeweils zu zweit ein Zimmer. Manchmal ergaben sich auf dem Gang oder in der Küche kurze Gespräche. Laut meiner Arbeitskollegin waren sie alle *gay* (homosexuell).

Cathy war noch nicht sehr lange in San Francisco. Von ihren Eltern und ihrer Familie erzählte sie nichts. Bevor sie in die Stadt gezogen war, lebte sie bei einem Ehepaar auf dem Land und bereicherte mit ihrer Anwesenheit das Intimleben des Paares. Und dann erzählte sie mir noch, dass das Kellnern im City-Café nicht ihr einziger Job war. Sie arbeite abends in einer Peepshow. Ich versuchte, mir die Überraschung nicht anmerken zu lassen. Cathy hatte in San Francisco auf dem Papier einen Mann aus Asien geheiratet, damit dieser in den USA leben konnte. Er bezahlte sie dafür. Sie wurden regelmäßig zu Interviews vorgeladen, bei denen die Behörden herauszufinden versuchten, ob es sich nicht um eine Scheinehe handelte. Manche der Vorbereitungsgespräche für diese Interviews bekam ich mit. Cathy und ihr „Mann" sahen das ziemlich entspannt. Auch wenn Cathy und ich unterschiedliche Dienstpläne hatten, kam es immer wieder vor, dass wir uns das Bett teilten. Ihr Deo roch nach Kokosöl. Eines Abends, als sie nach der Spätschicht nach Hause kam und sich neben mir ins Bett legte, hörte ich, wie sie sagte: „Nimm diesen blöden Schlafsack weg!" Ich ließ mir nichts anmerken und tat so, als ob ich schlafen würde.

Nachdem sich die Wohnungskollegen bei Cathy beschwerten, dass ich Dauergast in der WG war, musste ich zum fünften Mal, seit ich in San Francisco war, die Wohnung wechseln. Diesmal kam ich bei Denise, einer neuen Arbeitskollegin, unter. Denise finanzierte sich mit dem Job als Kellnerin ihr Studium. Sie wurde auch von ihren Eltern unterstützt. Die beiden Frauen, mit denen sie zusammenwohnte, studierten ebenfalls. Eine kam aus Russland, die andere war aus Süd-Kalifornien. Die Wohnung war geräumig. Ich schlief im Wohnzimmer auf einer Rollmatratze. Als ich später einmal in der internationalen Jugendherberge von San Francisco übernachtete und den Stadtplan studierte, in welchem Viertel eingezeichnet waren, die von Touristen besser gemieden werden sollten, sah ich, dass sich die Adresse von Denise in einem dieser gefährlichen Viertel befand. Mir war, während ich dort wohnte, nichts aufgefallen, außer dass ich einmal mitten in der Nacht durch eine lautstarke Auseinandersetzung unmittelbar vor unserer Haustür geweckt worden war.

Die anfangs gastfreundliche WG fand, dass ich doch nicht in die WG passte, nachdem ich eines Abends einen Joint, der die Runde machte, weiterreichte, ohne daran zu ziehen. Ich sei ein *WASP*. Das Wort verstand ich nicht, aber mir war gleich klar, dass es kein Kompliment war. Ich schlug im Wörterbuch nach. *WASP* ist die Abkürzung für *White Anglosaxon Protestant* (weißer angelsächsischer Protestant) und gleichbedeutend mit einem Spießer. Auf eine solche Reaktion war ich nicht gefasst. Ich hielt mich für tolerant, in den Augen meiner Wohnungskolleginnen war ich es scheinbar nicht. Valentina, Denises Mitbewohnerin aus Russland, die sich sonst eher im Hintergrund hielt, ging mein Quasi-Rausschmiss nahe. Sie lud mich auf einen Kaffee ein und brachte mich auf eine neue Idee. Sie erzählte mir von Mexiko. Dort sei es um einiges wärmer als im winterlich-kalten San Francisco und das Leben sei wesentlich billiger. Sie empfahl mir auch einen Reiseführer, den ich mir gleich besorgte.

Nachdem ich den Wohnungsschlüssel am nächsten Tag abgegeben hatte, fuhr ich für eine Woche ins *Montara Lighthouse Hos-*

tel, eine Jugendherberge zwanzig Meilen südlich von San Francisco. Weil die Rezeption erst am Abend besetzt war, ging ich einen schmalen Steig zum Meer hinunter. Ich genoss das Schauspiel, das mir die Wellen boten, lauschte der Brandung und beobachtete die Möwen, die die Thermik ausnutzend in der Luft schwebten. Als ich wieder zurück zur Herberge ging, hatte ich den Eindruck, dass ich stundenlang so dagesessen war. Mit meinem Jugendherbergsausweis, den ich mir vor meiner Abreise in Österreich besorgt hatte, bekam ich beim Einchecken einen ermäßigten Tarif.

Es war ein eigenartiges Gefühl. Seit meiner Ankunft in San Francisco war es das erste Mal, dass ich wieder ein eigenes Bett hatte, auch wenn es genau genommen nur der untere Teil eines Stockbettes war. Das Wohnen bei Studentinnen und Arbeitskolleginnen in den vorhergehenden zwei Monaten war eine neue Erfahrung für mich. Im Lied *The Boxer* besingen Simon and Garfunkel einen Jugendlichen, der sich von zuhause aufmacht, um seine Träume anderswo zu verwirklichen. Er versucht, sich in einer Großstadt zurechtzufinden, verbringt Zeit auf Bahnhöfen, durchstreift die armen Stadtviertel, arbeitet für den Mindestlohn und wohnt in den billigsten Quartieren. Der Boxer wird als still und zurückhaltend beschrieben. Der einzige Ort, an dem er Zuflucht findet, ist bei Menschen, die sich selbst mit allen Mitteln über Wasser halten. Aus der Distanz wurde mir bewusst, wie großzügig meine Gastgeberinnen waren, obwohl sie selbst nicht viel hatten. Manchmal spürte ich, dass sie sich von mir mehr erwartet hatten – und damit meine ich nicht nur die Mitarbeit im Haushalt.

Das *Montara Lighthouse Hostel* war untertags geschlossen, so verbrachte ich viel Zeit am Meer oder bei Spaziergängen in der Umgebung. Ich genoss die Freiheit und Unabhängigkeit. Ich schrieb meine Gedanken in das Büchlein mit dem bunt gestreiften Einband, das ich mir in der Buchhandlung in Sausalito gekauft hatte. Ich fand Zeit, das Buch „Der Zauberberg“ von Thomas Mann, das ich im Reisegepäck hatte, zu lesen. Nach den anstrengenden Wochen in San Francisco erlebte ich die Tage an der Küste des Pazifischen Ozeans ähnlich wie den im Buch beschriebenen Kuraufenthalt eines jungen Mannes: Die Hauptfigur trifft in einem Schweizer Sanatorium auf Menschen mit unterschiedlichen Weltanschauungen. Einer seiner Gesprächspartner ist ein Jesuit. Auch in der Jugendherberge ergaben sich abends Gespräche über politische und philosophische Themen. Ronald Reagan, der damalige US-amerikanische Präsident, polarisierte mit seiner Antikommunismus-Politik. Ein Norweger schwärmte von seiner Heimat. Er vertrat für mich neue ökologische Thesen und vermittelte uns ein sympathisches Bild von Russland. Er meinte, dass sich dort viel veränderte. Dann war da auch noch Maurice aus der Schweiz. Für mich war es nichts Neues, dass er als Schweizer mehrere Sprachen beherrschte. Die anderen Gäste staunten darüber, dass Menschen aus einem so kleinen Land wie der Schweiz vier verschiedene Sprachen, Englisch inklusive, sprechen.

Maurice plante, mit dem Fahrrad an der Küste entlang Richtung Süden zu fahren. Für eine Etappe wollte ich ihn begleiten. Wir liehen uns in der Jugendherberge Fahrräder aus und radelten fünfzig Kilometer zur nächstgelegenen Jugendherberge, die sich ebenfalls in einem Leuchtturm befand. Es gab einige Steigungen zu überwinden, was mit den Dreigangfahrrädern zur sportlichen Ertüchtigung beitrug. Die Abfahrten waren umso schöner. Auf der Tour begegneten wir *Home*, einem in die Jahre gekommenen Hippie. Er saß am Straßenrand des Highways 1 und quatschte uns an, was bei Radfahrern ja leicht möglich ist. Er freute sich über Gesellschaft und über Menschen, denen er seine Geschichte erzählen konnte. Er umrundete schon zum dritten Mal vorwiegend zu Fuß die USA. Als Beleg dafür zog er einen Zeitungsausschnitt, in dem über ihn berichtet wurde, aus seinem Gepäck. Er brauchte kein Geld, er lebte von dem, was ihm geschenkt wird. Sein heutiges Abendessen, eine Kartoffel, hatte er zufällig am Straßenrand gefunden. Es war für alles gesorgt. Home machte einen glücklichen und zufriedenen Eindruck. Er lachte viel und hatte kein Problem damit, dass dabei sein lückenhaftes Gebiss sichtbar wurde. Home holte die Kartoffel aus dem kleinen Feuer und kontrollierte mit der Gabel, ob sie schon gar war. Maurice und ich blickten auf die Uhr. Um im *Pigeon Point Lighthouse Hostel* rechtzeitig einzuchecken, mussten wir wieder aufbrechen. Auf der verbleibenden Strecke ging mir Home nicht aus dem Kopf. Als ich mich nach Amerika aufmachte, träumte ich von Freiheit und Unabhängigkeit. Home lebte die Freiheit eines Aussteigers. Ich fragte mich, ob das ein Lebensentwurf wäre, den ich langfristig verfolgen möchte.

Am kommenden Morgen verabschiedete ich mich von Maurice. Ich schwang mich aufs Fahrrad und fuhr zurück Richtung Norden. Die meiste Zeit hatte ich Gegenwind. Ich hielt Ausschau nach Home, er war aber nicht mehr zu sehen. Vielleicht hatte ihn jemand ein Stück weit mit dem Auto mitgenommen. Im *Montara Lighthouse Hostel* gab ich mein Leihfahrrad zurück und stieg in den Bus nach San Francisco. Sam, mein Chef im City-Café, ließ mich nur ungern ziehen. Ich hatte mich nach zwei Monaten gut eingearbeitet. Gelegentlich bekam ich sogar ein Kompliment für meine umsichtige Art. Widerwillig stellte mir Sam einen Scheck aus, den ich bei seiner Bank beim zweiten Versuch einlösen konnte, nachdem beim ersten Versuch kein Geld auf seinem Konto war. Viel war es nicht, was ich verdient hatte. Aber ich hatte während der beiden Monate in San Francisco nichts von meinem Ersparten gebraucht, weil ich gratis wohnte und meine Ausgaben fürs Essen aus meinem Trinkgeld bestreiten konnte. Von einem Teil des Lohnes kaufte ich mir in einem Shop im japanischen Viertel eine Spiegelreflexkamera. Ich nützte die verbleibenden Tage in San Francisco, um ein paar meiner Lieblingsplätze zu fotografieren.

Von San Francisco fuhr ich nach Los Angeles zu meiner Tante zweiten Grades. Sie wohnt mit ihrer Familie in Studio City bei Hollywood. Ihr Großvater Antonio und mein Urgroßvater Carlo waren Brüder und stammten aus dem Valsugana im Trentino. Die beiden hatten ihre Eltern früh verloren und waren ungefähr so alt wie ich, als sie ihre Heimat verlassen hatten. Antonio, der ältere Bruder, war 1880 nach Ohio ausgewandert, Carlo nach Vorarlberg. Carlo hatte bis zuletzt nur gebrochen Vorarlbergerisch gesprochen. Papa erzählte uns, dass er als kleiner Bub öfter im oberen Stockwerk bei seinem Opa vorbeigeschaut habe. Bei ihm habe es immer Polenta gegeben und – daran konnte sich Papa besonders gut erinnern – Carlo habe ihm das Polentastück mit einem Faden abgeschnitten.

Das Highlight meines Aufenthalts in Los Angeles war ein Besuch am *Venice Beach.* Auf dem Weg zum Meer stellte ich fest, dass jemand, der sich in L. A. mit öffentlichen Verkehrsmitteln fortbewegt, sehr viel Zeit braucht. Die Rollschuhfahrerinnen und Rollschuhfahrer, die am Venice Beach in der schrillsten Kleidung ihre Kunststücke vorführten, entsprachen einigermaßen dem Bild, das ich von den USA hatte. Ansonsten wurde ich in Studio City mit einer Mentalität konfrontiert, die ich nicht erwartet hätte. Es wirkte alles kleinkariert. Bei meiner Tante konnte ich nicht übernachten, dafür bei ihrer Schwiegermutter, die einige Blocks weiter ein kleines Häuschen bewohnte. Ich machte mich nützlich und hackte das Holz für ihren offenen Kamin.

Weil ich überzeugt war, dass es besser ist, leicht zu reisen, ließ ich alles, was ich nicht dringend brauchte, bei meiner Tante zurück, sogar den Walkman, den ich im Gepäck hatte. Eine Ausnahme war die Spiegelreflexkamera. Von L. A. fuhr ich mit dem Bus bis zur mexikanischen Grenze und stieg jenseits der Grenze in einen Nachtzug. Ich hatte mir ein Abteil in einem Schlafwagen gebucht. Die Stadt Mazatlán schien mir südlich genug, um endlich in eine wärmere Gegend zu kommen. Als ich mich schon im Zug befand, fiel mir ein, dass es gut gewesen wäre, vor der Abreise Pesos zu wechseln. Ich würde am Sonntag in Mazatlán ankommen, ich wusste nicht, wo ich wohnen würde, und ich konnte kein Spanisch. Ich war dabei, von einem Land, das mir einigermaßen vertraut geworden war, in ein unbekanntes Land, dessen Sprache ich nicht verstand, zu wechseln. Ich saß allein in meinem Schlafwagenabteil und zweifelte an meinem Vorhaben, bevor es richtig losging. Ich packte meine Bibel aus, die ich in der kleinen Kirche am Russian Hill in San Francisco vom Mesner geschenkt bekommen hatte. In diesen alten Texten war von Menschen die Rede, die aufbrachen und sich auf Unbekanntes einließen. Lange hatte ich keinen persönlichen Zugang zum Beten gehabt. Im Nachtzug nach Mazatlán bekamen die Formeln, die ich als Kind gelernt hatte, einen Sinn. In einer Umgebung, in der ich mich nicht verständigen konnte, tat es gut, „Vater unser im Himmel" zu beten und das Gefühl zu haben, dass da jemand ist, der mich hört.

Bei einem längeren Zwischenstopp der Pazifischen Eisenbahn akzeptierte eine Händlerin, die am Bahnsteig Maiskolben verkaufte, meinen Travellerscheck und gab mir das Retourgeld in bar. Der Wechselkurs war zwar nicht optimal, aber ich war meine Geldsorgen los. Im mexikanischen Reiseführer fand ich im Kapitel der wichtigsten Ausdrücke und Phrasen die Bezeichnung für ein billiges Hotel, die ich dem Busfahrer, der mich vom Bahnhof ins Stadtzentrum von Mazatlán beförderte, mit einem fragenden Blick entgegenwarf. Als ich ausstieg, zeigte er auf ein Hotel und verwendete den Ausdruck *Hotel económico* mit der richtigen Betonung. In der Lobby des Hotels Zaragossa empfing mich ein älterer, in Weiß gekleideter Herr mit einem Sombrero. Sein Name war Herr Porfirio und er war Besitzer, Manager und Rezeptionist in einer Person. Sein Gebiss, das nur noch aus wenigen Zähnen bestand, erinnerte mich an Home, den Hippie am Highway 1. Es gelang uns, die notwendigsten Dinge auch ohne gemeinsame Sprache zu klären. Mit der Zeit lernte ich neben dem Papagei, der im Eingangsbereich residierte, auch andere Gäste kennen. Zum Großteil waren es Pensionisten aus den USA, die ihren Lebensabend in Mexiko verbrachten. Das Hotel Zaragossa war auch für Menschen mit einer kleinen Pension leistbar.

Ich blieb zwei Wochen in Mazatlán. Ich fand einen schönen, frei zugänglichen Strand, an dem ich viel Zeit verbrachte. Ich schaute einigen Leuten beim Bodysurfen zu. Sie schwammen ins Meer hinaus, bis dorthin, wo sich die Wellen aufzutürmen begannen, dann kraulten sie so schnell wie möglich landeinwärts und wurden schließlich von den Wellen mitgenommen. Ich probierte es aus. Langsam hatte ich die Technik verstanden. Ich spürte, wenn die Welle zu schieben begann, und ließ mich durchgestreckt wie ein Brett von der Welle mitnehmen. Ich stellte auch fest, dass brechende Wellen etwas mit Lawinen gemein haben. Wenn du unter ihnen begraben wirst, weißt du im Moment nicht, wo oben und wo unten ist. Ich habe einige Male Wasser geschluckt. Das hat mich aber nicht davon abgehalten, wieder hinauszuschwimmen und auf neue Wellen zu warten, die mich ein Stück mitnahmen. Das Salzwasser bleichte meine Haare aus. Scheinbar fiel ich am Strand auf.

Ein junger Mexikaner quatschte mich an, ich reagierte eher abweisend, aber er kam immer wieder vorbei. Einmal zeigte er mir das einfache Haus, in dem seine Familie lebte, und er führte mich zu einer Landzunge, auf der sich große Leguane sonnten.

Das Alleinsein und Mich-nicht-unterhalten-Können hatte zur Folge, dass mir viel Zeit zum aufmerksamen Beobachten blieb. Mein Blick wurde geschult. Wenn mir bei einem Spaziergang durch die Stadt ein besonders schönes Motiv auffiel, prägte ich es mir ein und nahm beim nächsten Mal meine Kamera mit. Ich achtete auch auf die Tageszeit, in welcher das Licht für die Aufnahme einer bestimmten Szene geeignet war und die Farben zur Geltung kamen. Mit der Zeit getraute ich mich auch, Menschen zu fotografieren. Zum Beispiel Mütter, die am Sonntag umringt von ihren Kindern auf dem Hauptplatz Plastikbälle verkauften.

Ich genoss das stressfreie Leben. Die Abende verbrachte ich am Strand, setzte mich auf einen Felsen und beobachtete den Sonnenuntergang über dem Meer. Ich blieb lange sitzen und malte mir aus, wie die Sonne, die hinter dem Horizont verschwunden war, hinter dem Kapf, unserem Hausberg in Vorarlberg, langsam aufgeht.

Ähnlich wie in San Francisco zog es mich auch in Mazatlán in ein chinesisches Restaurant, die es scheinbar in allen Ecken der Welt gibt. Das Essen war gesund und belastete mein Budget nicht besonders. Irgendwann wurde es mir dann aber doch zu eintönig und ich wollte einmal etwas typisch Mexikanisches essen. Ich fragte Herrn Porfirio, ob er mir ein gutes Lokal empfehlen könnte. Im Restaurant, das er mir nannte, gab es keine Speisekarte. Das hätte mir aber ohnehin nicht weitergeholfen. Der Kellner brachte mir ein Fleischgericht. Es waren Innereien. Der Ausdruck *Montezumas Rache* war mir bekannt, ich wusste aber nicht, was damit gemeint war. In den folgenden drei Tagen und Nächten wurde das Geheimnis dieser Rache für mich gelüftet. Ich verbrachte viel Zeit auf der Toilette. Es muss für die beiden Geckos, die an der Decke meines Bades herumkrabbelten, ein erbärmlicher Anblick und Geruch gewesen sein. Ich hatte Durchfall und musste mich mehrmals übergeben. Wenn ich nicht im Bad war, lag ich im Bett. Ich hatte Fieber. Am zweiten Tag ging ich kurz zum Geschäft nebenan, um meinen Wasservorrat aufzufüllen. Ich kam schweißgebadet zurück. Als mich Herr Porfirio erblickte, verstand er sofort, was los war, konnte mir aber nicht helfen. Nach drei Tagen fühlte ich mich ein bisschen besser. Wie im Reiseführer beschrieben, kaufte ich mir Zitronen und trank den mit Wasser verdünnten Zitronensaft. Nur langsam getraute ich mich wieder, etwas zu essen. Rückblickend war ich fast ein wenig stolz, dass ich diese gesundheitliche Krise – ein Arzt meinte später, dass es wahrscheinlich eine Lebensmittelvergiftung war – allein überstanden hatte. Meine nächste Destination war Guadalajara, laut dem Reiseführer das Florenz Mexikos. Weiter in den Süden, zum Beispiel nach Mexico City, zog es mich nicht. Bevor ich in Nuevo Laredo nach einem Monat Mexiko wieder verließ, verbrachte ich noch ein paar Tage in Guanajuato, einer bunten Stadt in den Bergen.

Die Einreise in die USA war ein bisschen knifflig. Reisende, die wie ich ein Mehrfachvisum besaßen, konnten ihren USA-Aufenthalt künstlich in die Länge ziehen, indem sie für einige Tage nach Mexiko ausreisten. Nach der neuerlichen Einreise durfte ich mich wieder legal für ein halbes Jahr in den USA aufhalten. Andere Rucksacktouristen hatten mich gewarnt, dass die Grenzbeamten gerne nachbohren und genau wissen wollen, wie man seinen Aufenthalt finanziert oder wo man wohnt. Nachdem ich die Fragen des Beamten beantwortet hatte, murmelte er etwas vor sich hin, drückte widerwillig den Stempel in meinen Reisepass und ließ mich passieren.

Während ich mir in Mexiko billige Hotels leisten konnte, übernachtete ich in den USA vorwiegend in Jugendherbergen. Ich plante meine Route entlang jener Städte, in welchen ich in meinem Reiseführer einen Hinweis auf erschwingliche Hostels fand. Die Dauer meines Aufenthalts in dieser oder jener Stadt machte ich auch von der Qualität der Herbergen abhängig. Manchen Herbergseltern gelang es bei aller Einfachheit, eine wohlige und gastfreundliche Atmosphäre zu schaffen, anderen fehlte dieses Gespür. Texas ließ ich rasch hinter mir. Die Jugendherberge in Austin war zum Vergessen, die in Houston war nicht viel besser. Die erste längere Station machte ich in New Orleans. Die internationale Jugendherberge war gut gefüllt. Ich lernte dort eine Gruppe aus Italien kennen. Sie waren mit einem Mietwagen unterwegs und luden mich zu einem Ausflug auf eine Halbinsel im Golf von Mexiko ein.

In New Orleans fiel mir zum ersten Mal auf, wie stark sich touristische Gegenden von anderen Stadtteilen unterschieden. Der Stadtkern und bestimmte Straßen, wie zum Beispiel die St. Charles Avenue, in deren Nähe sich die internationale Jugendherberge befindet, waren herausgeputzt, ein Block weiter waren die Straßen nicht asphaltiert, die Häuser und die gesamte Infrastruktur schauten desolat aus. Auch der Unterschied zwischen dem Lebensgefühl in mexikanischen und US-amerikanischen Städten sprang mir ins Auge. In Mexiko waren die zentralen Plätze von Familien und Kindern bevölkert. Im Zentrum US-amerikanischer Städte waren fast nur Geschäftsleute und Touristen anzutreffen.

Ich machte mir über den weiteren Verlauf meiner Reise Gedanken. Ich fragte mich, ob es sich lohnen würde, die beiden Metropolen Washington und New York zu besuchen. Die zu überwindende Distanz war riesig. Wie die Qualität der Unterkünfte sein würde, die in meinem Reiseführer angegeben waren, stand in den Sternen. Ich machte einen Kassasturz und versuchte hochzurechnen, wie lange mein Erspartes noch reichen würde. Die Hochrechnung fiel gut aus, also reiste ich weiter an die Ostküste.

In Washington kam mein Bus erst nach 22 Uhr an. Ich studierte den Stadtplan. Weil die Entfernung zwischen Busstation und Herberge nicht weit war und ich mir kein Taxi leisten wollte, entschied ich mich, den Weg zur Herberge zu Fuß zurückzulegen. Das Viertel, das ich bei spärlicher Straßenbeleuchtung durchquerte, war mir nicht ganz geheuer. In den dunklen Straßen waren kaum Menschen zu sehen. Es kam mir entgegen, dass ich nicht wie ein Reisender ausschaute, bei dem viel zu holen war. In meiner Geldtasche hatte ich nur ein paar Dollar. Die Reiseschecks hatte ich im Bauchgürtel verstaut, den mir meine Mutter genäht hatte. Ob mir das bei einem Überfall geholfen hätte, weiß ich nicht. Ich nahm mir vor, in Zukunft die Ankunftszeiten so zu kalkulieren, dass ich mein Reiseziel bei Tageslicht erreichen würde.

Am nächsten Tag schaute ich mir die Sehenswürdigkeiten an der Washington Mall an. Es war März, es regnete und es war relativ kalt. Am Abend waren meine Schuhe durchnässt. „Willkommen zurück im kühlen Norden“, dachte ich mir. Die Jugendherberge war nicht besonders gastlich. Immerhin, es war geheizt. Seit ich San Francisco verlassen hatte, hatte ich nicht mehr mit zuhause telefoniert. Ich wechselte einige Scheine in Münzen und setzte mich nach dem Frühstück im Eingangsbereich der Herberge in eine Telefonzelle. Meine Mutter nahm den Hörer ab. Ihre Stimme klang wie aus einer anderen Welt, was nicht nur am Vorarlberger Dialekt lag. Das Telefonat dauerte nicht lange, der Automat verschlang das Kleingeld im Nu. Hin und wieder schrieb ich meiner Familie einen Brief auf Luftpostpapier. Auf einem kleinen Notizzettel hatte ich Adressen von Freundinnen und Freunden notiert, denen ich versprochen hatte, einen Gruß aus den USA zu schicken.

Von Washington reiste ich weiter nach New York. Obwohl ich am frühen Nachmittag in Manhattan ankam, erblickte ich erst eine Stunde nach meiner Ankunft das Tageslicht. Der Bus fuhr nicht über eine Brücke, sondern durch einen Tunnel in das unterirdische Bus-Terminal. Der Verbindungsgang zur New Yorker U-Bahn war leicht zu finden. Bis ich das Ticketsystem und das Streckennetz durchschaute und mir die richtige Fahrkarte gekauft hatte, brauchte ich ein paar Minuten. Als ich die Metro-Station in der Nähe meiner Unterkunft über die Treppen verließ, betrat ich zum ersten Mal die Oberfläche der Halbinsel und befand mich inmitten riesiger Hochhäuser. Weil es laut meinem Reiseführer in Manhattan keine internationale Jugendherberge gab, hatte ich in einem billigen Jugendgästehaus ein Bett reserviert. Mit der Atmosphäre einer Jugendherberge war es nicht vergleichbar. Die anderen Gäste waren keine Rucksacktouristen. Im Stockbett neben mir schliefen zwei junge Männer, die arabisch miteinander sprachen, einer spielte vor dem Schlafengehen mit seinem Butterfly-Messer. Diese Nacht schlief ich nicht besonders gut.

Am nächsten Morgen setzte ich mich zuerst in ein gemütliches Lokal und genehmigte mir eine Tasse Kaffee und einen Brownie. Ich warf einen Blick auf den Stadtplan, um mir einen Überblick zu verschaffen. Ich liebte es, Städte zu Fuß zu erkunden. Am ersten Tag spazierte ich lange vom Central Park Richtung Süden. Am Tag darauf fuhr ich mit der Metro bis ans Südende der Insel und setzte mich dann in die Fähre nach Staten Island, die viele Pendler benutzen. Von Staten Island hatte ich einen schönen Blick auf Manhattan und die Freiheitsstatue. Bei einem meiner Spaziergänge durch den Südteil der Halbinsel begegnete ich vor der New Yorker Oper dem Opernsänger Francisco Araiza, der in meinem Heimatort schon mehrere Konzerte gegeben hatte. Ich schaute ihn groß an und überlegte, ob ich ihn ansprechen soll, ließ es aber bleiben.

Ansonsten hielt ich mich gerne im Central Park auf. Untertags war dort viel los, auch Schulklassen waren zu sehen. Am Wochenende waren die Grünflächen ausgebucht. Es wurde vor allem Baseball gespielt. Gegen Abend wurde es ruhiger. Trotz der Warnung, sich nachts nicht im Park aufzuhalten, spazierte ich nach Einbruch der Dunkelheit durch den Park, um den Blick durch die kahlen Bäume auf die beleuchteten Wolkenkratzer festzuhalten.

In meiner Plattensammlung gab es den Livemitschnitt eines Konzerts im *The Bitter End*. Ich machte mich auf die Suche nach diesem Club, in dem Musiker wie Joni Mitchell und Bob Dylan aufgetreten waren. Das Lokal im Stadtteil Greenwich Village gab es zwar noch, aber es hatte inzwischen den Namen geändert und die Blütezeit war wohl vorüber. Dafür erlebte das Soho-Viertel, das im Süden ans Greenwich Village angrenzt, eine Renaissance. Ich schaute mir einige trendige Galerien und Geschäfte an.

Auf meiner Kontaktliste, die ich zuhause zusammengestellt hatte, stand auch der Name einer Vorarlbergerin, die an der österreichischen Außenhandelsstelle in New York ein Praktikum machte. Sie war die Tochter eines Arbeitskollegen meines Vaters. Dass meine Jeansjacke die richtige Garderobe für den Besuch der Außenhandelsstelle war, bezweifelte ich, aber ich hatte keine große Auswahl. Nachdem ich mich bei der Rezeption angemeldet hatte, wurde ich gebeten, Platz zu nehmen. Während ich wartete, genoss ich die geheizten Räumlichkeiten. Wir verabredeten uns nach Dienstschluss in einem Café. Als sie von meiner Unterkunft im Gästehaus hörte, lud sie mich ein, die restlichen Tage in ihrem Appartement in unmittelbarer Nähe des Central Parks zu verbringen. Ihr Freund sei diese Woche verreist. Ich erfuhr von ihr über ein Sozialprojekt, bei dem sie sich regelmäßig engagierte. Eine Gruppe junger Leute organisierte Freizeitaktivitäten für Kinder aus sozialschwachen Familien. Am darauffolgenden Wochenende hatten sie einen Ausflug ins Hallenbad geplant. Sie meinte, es wäre gut, eine zusätzliche Aufsichtsperson dabei zu haben. Ich sagte ohne zu zögern zu. Für die Kinder war der Hallenbadbesuch etwas Besonderes. Die meisten konnten nicht schwimmen und hielten sich im Kinderbecken auf. Zwei hatten erst vor kurzem schwimmen gelernt. Ich begleitete sie ins große Becken. Ich fühlte mich sicher genug, weil ich in unserem Freibad zuhause regelmäßig als Mitglied der Wasserrettung Dienst machte. Seit langem hatte ich wieder einmal das Gefühl, gebraucht zu werden.

Nach gut einer Woche verabschiedete ich mich von meiner Gastgeberin und stieg im unterirdischen Busterminal in einen Greyhoundbus. Ich hatte New York aus zwei recht unterschiedlichen Blickwinkeln kennengelernt, die die gesamte Stadt in einem anderen Licht erscheinen ließen. Zuerst die eher raue und düstere Perspektive eines billigen Quartiers, in dem mein Bettnachbar mit einem Butterfly-Messer ausgestattet war, dann als willkommener Gast bei einer Frau, mit der ich Dialekt sprechen konnte, die in einer angenehmen Wohngegend zuhause war und sich im Gemeinwesen engagierte.

Auch wenn ich mich geographisch von Europa weiter entfernte, begann mit dem Abschied aus New York für mich die Rückreise. Als Europäer war es mir möglich, Greyhoundtickets um

50 Dollar zu kaufen, mit denen ich innerhalb von fünf Tagen beliebig weite Distanzen mit dem Bus zurücklegen konnte. Für meine Reise nach Chicago, wo ich zwei Tage verbrachte, und danach weiter nach Denver genügte ein einziges Ticket. Die reine Fahrzeit von New York nach Denver betrug über vierzig Stunden. Auf der Fahrt, die an endlosen Getreidefeldern vorbeiführte, bekam ich ein Gespür für die Weite des Landes. Ich gewöhnte mich an diese Art zu reisen. Die Reisetasche wurde im Frachtraum verstaut. Mein Handgepäck war eine grüne Tasche aus Bast, die ich in Mexiko von einer Straßenhändlerin gekauft hatte. In der Tasche waren meine Kamera, mein Tagebuch, meine Bibel und mein Reiseproviant, der aus dunklem Toastbrot, einem Glas Erdnussbutter und einem Glas Marmelade bestand. Mein Lieblingsplatz im Bus waren die hinteren Reihen. Der Insidertipp, einen Platz auf jener Seite zu wählen, die nicht der Sonne zugewandt sei, machte sich auf diesem Reiseabschnitt bezahlt. In den Busstationen, in denen wir nach längeren Etappen Pausen machten und die Fahrer gewechselt wurden, war eine spezielle Atmosphäre. Der Filterkaffee war nicht der beste, aber dafür war die Nachfüllung gratis. In Chicago machte ich Bekanntschaft mit einer neuen Art von Unterbringung. Ich schlief zwei Nächte in einem Haus der YMCA (*Young Men's Christian Association*). Unter dem Namen hatte ich mir etwas anderes vorgestellt. Das Haus glich eher einem Greisenasyl. Spätestens in Denver war mein Wunsch, neue Städte kennenzulernen, gesättigt. Verglichen mit New York oder San Francisco war Denver eine kleine, wohl geordnete Provinzstadt. Als ich mich in der Fußgängerzone auf den Boden setzte, um etwas in mein Tagebuch zu schreiben, hatte ich den Eindruck, dass mich die Passanten schräg anschauten. Vielleicht waren es meine langen Haare, die negative Assoziationen weckten.

Bevor ich an die Westküste zurückkehrte, wollte ich noch in die Natur. In der Jugendherberge von Santa Fe im Bundesstaat New Mexico las ich in einem Faltblatt von einer kleinen Herberge, die sich in der Nähe einer der ältesten indigenen Siedlungen Amerikas befindet. Die Woche, die ich dort verbrachte, wurde zu einer der schönsten auf meiner Reise. In der Jugendherberge von Pilar, das am Rio Grande liegt, traf ich vor allem junge Reisende aus den USA. Darunter einen Geologen, der gerade sein Studium abgeschlossen hatte, und zwei jüdische Studentinnen. Am Anschlagbrett der Jugendherberge hingen verschiedene Ausflugsziele und Wanderrouten. Eine führte zu einem ehemaligen Jagdrevier der indigenen Community, wo angeblich Speerspitzen gefunden worden waren. Ich fand leider nichts, aber ich stellte fest, dass das Frühjahr begonnen hatte und dass ich mich wieder weiter im Süden befand. Folglich wurde es untertags schon ziemlich warm. Am Abend beschrieb mir der Herbergsvater einen Weg zu einem Wasserfall, den ich mir für den nächsten Tag vornahm. Je weiter der Weg nach oben führte, umso verwachsener war der selten benützte Pfad. Der Hinweis, dass es in dieser Gegend auch Pumas gebe, sorgte bei mir für zusätzlichen Nervenkitzel. Der Wasserfall war nicht spektakulär. Für den Rückweg nahm ich mir Zeit. Mich faszinierte die Klarheit des Wassers. Im steileren Abschnitt lauschte ich dem Glucksen und Rauschen des Bächleins. Der Ausflug erinnerte mich an die Zeit meiner Kindheit. Die Vegetation, die Tierwelt, die Farben waren anders. Die Aufregung, die Begeisterung und das Staunen waren aber mit jener in meiner Kindheit vergleichbar.

Am späten Nachmittag kehrte ich ins Hostel zurück. Meine Mahlzeiten in den Herbergen gestalteten sich sehr einfach. Stichworte: Toastbrot und Erdnussbutter. Manchmal wärmte ich mir den Inhalt einer Konserve. In Pilar waren wir eine überschaubare Anzahl von Gästen und wir wurden von den Hauseltern zu einem Grillabend eingeladen. Krönung des Abends war ein Bad im Whirlpool. Wir saßen lange beisammen, tranken Bier und schauten hinauf zu den Sternen. An meinem letzten Abend in Pilar, es war die erste Vollmondnacht im Frühling, motivierte uns der frischgebackene Geologe zu einer Tour zu den Ausläufern des Canyons. Wir benötigten keine Taschenlampen, der Weg war im Licht des Mondes leicht zu finden. Oben angekommen, setzten wir uns an einen Felsvorsprung. Wir ließen unsere Beine über den Rand des Canyons baumeln und blickten hinunter zum Rio Grande.

Auch wenn ich mir nicht sicher war, was mich erwarten würde, peilte ich als nächste Station den Grand Canyon an. Die Verweildauer in der dortigen Jugendherberge war auf zwei Nächte beschränkt, weil die Nachfrage groß und die Herberge relativ klein war. Es war Karsamstag, als ich auf der Südseite des Grand Canyons ankam. Für den Ostersonntag plante ich, zum Colorado River am Fuße des Canyons zu wandern. Die Herbergsmutter war um die vierzig. Sie riet mir, in einer Lodge am Grund des Canyons zu übernachten und erst am darauffolgenden Tag den Aufstieg zurück zum Rand des Canyons anzutreten, da der Höhenunterschied eintausendfünfhundert Meter betrage und es immer wieder vorkomme, dass Menschen wegen Erschöpfung aus dem Canyon gerettet werden müssen. Wenn ich möchte, könne ich ja am darauffolgenden Tag noch eine Nacht in der Jugendherberge verbringen. So viel Fürsorge war ich gar nicht mehr gewohnt. Am nächsten Morgen stand ich früh auf. Zum Sonnenaufgang fand auf einem Felsvorsprung am Rand des Canyons eine ökumenische Osterfeier statt. Die Feier wurde von einer kleinen Musikgruppe gestaltet. Als die Sonne aufging, veränderte sich die Farbe der riesigen Schlucht mit jeder Minute. Nach dem Ende der Feier begann ich mit dem Abstieg und tauchte mehr und mehr in die Farbenwelt des Canyons ein. Im unteren Teil begegnete ich einer Karawane von Maultieren, die auf dem Weg nach oben war. Um 11 Uhr hatte ich mein Ziel, den Colorado River, erreicht und von meinen Wasserreserven nur einen von drei Litern verbraucht. Nachdem ich erfuhr, dass in der Lodge kein Bett frei war, setzte ich mich ans Ufer des Colorado River und ließ die Szenerie auf mich wirken. Danach begann ich mit dem Aufstieg, für den ich eine andere Route wählte. Die restlichen zwei Liter Wasser konnte ich gut brauchen, weil es immer wärmer wurde, je weiter ich nach oben kam. Im letzten Drittel begegnete ich den drei Italienern, die ich in New Orleans kennengelernt hatte. Sie erzählten mir von ihren Plänen. Sie wollten mit ihrem Mietwagen ein paar Naturschönheiten besuchen und über Las Vegas und das Death Valley nach San Francisco fahren. Sie boten mir eine Mitfahrmöglichkeit an. Ich überlegte nicht lange und sagte zu, auch weil mir klar war, dass ich die kleineren Nationalparks, die wir sehen würden, mit dem Greyhoundbus nicht erreichen konnte.

Als ich in der Jugendherberge auftauchte, schüttelte die Herbergsmutter den Kopf und meinte: *Oh these crazy Austrians*. Ich war scheinbar nicht der erste Österreicher, mit dem sie Bekanntschaft gemacht und der sich über ihren Ratschlag hinweggesetzt hatte.

Am nächsten Morgen holten mich die Italiener bei der Jugendherberge ab. Unsere Reise führte uns durch den Zions National Park zum Bryce Canyon. Die Vorstellung, die Nacht in Las Vegas zu verbringen, begeisterte mich nicht. Ich malte mir aus, wie schön es wäre, im Bryce Canyon zu bleiben und zwischen den erodierten, farbigen Felspyramiden zu campieren.

Nach zwei Wochen in der Natur war Las Vegas der befürchtete Kulturschock. Beim Einchecken im Hotel bekamen wir einen Gutschein fürs Casino geschenkt. Damit war gleich geklärt, wofür die billigen Hotelpreise gut sein sollten. Die Gutscheine lösten wir nach dem Abendessen ein. Wir machten weder den großen Gewinn, noch investierten wir zusätzliches Geld in die Metropole. Von Las Vegas wählten wir die Route durchs Death Valley, nicht ohne beim *Zabriskie Point* Station zu machen, an dem eine Szene von Michelangelo Antonionis gleichnamigem Film gedreht wurde. Schließlich setzten mich die Italiener bei einer Jugendherberge in San Francisco ab.

Nach meiner Tour über den halben Kontinent war ich wieder zurück in einer vertraut wirkenden Stadt, die sich bei wärmeren Temperaturen auch ganz anders anfühlte. Es gelang mir, die kurze Verweildauer in der internationalen Jugendherberge, die sich im Hafengebiet von San Francisco befindet, zu verlängern, indem ich für einige Tage die Reinigung der Gemeinschaftsduschen übernahm. Natürlich schaute ich im City-Café vorbei. Mein ehemaliger Chef bot mir an, mich wieder als Kellner anzustellen. Die Personalnot war immer noch groß. Trotzdem lehnte ich ab. Ich verabredete mich mit meinem Onkel, der mit seiner Frau an den südlichen Ausläufern der Bucht von San Francisco lebte. Als ich ihnen von meiner Reise berichtete, meinten sie neidlos: „Du hast mehr von den USA gesehen als wir." Ich kontaktierte auch noch andere Bekannte. Beim Treffen mit der Vorarlberger Studentin, bei der ich anfangs gewohnt hatte, war auch ihr amerikanischer Freund dabei. Die Erzählung über meine Reise kommentierte dieser damit, dass nur *low levelled people*, also Menschen aus ärmeren Bevölkerungsschichten, mit dem Bus reisen würden. Die Bemerkung fand ich beleidigend. Ich reagierte aber nicht. Scheinbar hatte ihn die eine oder andere kritische Bemerkung über „sein“ Land verletzt.

Am Beginn meines Ordenslebens beschäftigten wir uns mit der Armut, die Jesus von jenen fordert, die sich ihm anschließen wollten. Ich blickte dankbar auf meine Reise durch die USA und Mexiko zurück, weil sie mir einen Anknüpfungspunkt für diese Überlegungen bot. Es fehlte mir nichts und ich sah es als ein großes Privileg, auf diese Weise verschiedene Perspektiven einzunehmen und unterschiedlichsten Menschen begegnen zu können.

Bevor ich von Los Angeles zurück nach Österreich flog, kontaktierte ich Lauren, die ich in der Preservation Hall, einem Jazzclub in New Orleans, kennengelernt hatte. Sie lud mich ein, bei ihr und dem Paar, mit dem sie damals gemeinsam unterwegs war, zu übernachten. Das Viertel, in dem sie wohnten, nannten sie Greek Hills. Ihr Haus hatte eine Terrasse mit einem schönen Ausblick. Lauren fuhr mit mir ans Meer und wir verbrachten den Nachmittag an einem Badestrand. Obwohl das Wasser des Pazifiks noch kalt war, schwamm ich ein Stück. Lauren schaute mir vom Strand aus zu. Auf der Rückfahrt erzählte sie mir von ihrem Job hinter den Kulissen einer Fernsehshow. Am Abend zeigte sie mir das Griffith Planetarium, wo eine Szene des Films „Denn sie wissen nicht, was sie tun“ mit James Dean gedreht worden war. Zurück in den Greek Hills fragte mich Lauren, ob ich im Wohnzimmer oder auf der Terrasse in einer Hängematte schlafen möchte. Ich entschied mich für Zweiteres. Wann würde ich wieder einmal die Gelegenheit haben, in einer Hängematte zu übernachten? Bevor ich mich niederlegte, genoss ich eine Zeit lang den Blick über die Stadt und beobachtete einen Kolibri, der in der Luft stehend den Nektar aus den Blüten der Balkonpflanzen trank. In der Hängematte konnte ich lange nicht einschlafen. Ich hatte Lauren und ihren Freunden erzählt, dass ich mir das Geld für meine Reise bei Modeschauen verdient hatte. Sie meinten, dass ich versuchen solle, in Los Angeles einen Job als Model zu finden. Mein Rückflugticket war insgesamt ein Jahr gültig. Ich fragte mich, ob ich nicht noch ein paar Wochen bei Lauren und ihren Freunden dranhängen sollte. Vielleicht würde ich ja wirklich eine Arbeit finden. Aber letztlich blieb ich bei meiner geplanten Abreise. Während der Nacht übersiedelte ich mit meinem Schlafsack auf die Couch im Wohnzimmer, weil mir die Hängematte zu wackelig war. In der Früh weckte mich Lauren und wir frühstückten auf der Terrasse.

Am Nachmittag besuchte ich meine Tante in Studio City, um die Sachen abzuholen, die ich vor meiner Reise nach Mexiko bei ihr deponiert hatte. Sie und ihr Ehemann zeigten sich großzügig. Am Abend führten sie mich mit ihrem noblen amerikanischen Schlitten zum Essen aus. Sie hatten einen Tisch im *Tail o' the Cock* reserviert, in dem angeblich immer wieder Filmgrößen anzutreffen waren. Was mich aber am meisten beeindruckte, war das Ritual bei der Ankunft vor dem Restaurant. Zwei Herren, nach ihrem Aussehen Mexikaner, öffneten die Türen des Wagens, wir stiegen aus und ein Mitarbeiter übernahm das Einparken des Autos. Das Ritual wiederholte sich beim Verlassen des Lokals. Der Schlitten war bereits vor die Tür gebracht worden, die Türen wurden geöffnet, der Mitarbeiter erhielt ein Trinkgeld und wir stiegen ein.

Die letzte Nacht in den USA verbrachte ich in derselben Jugendherberge, in der ich nach meiner Ankunft genächtigt hatte. Ich war nervös. Wegen der Reise, aber auch, weil ich mich fragte, wie es sein wird, wieder zuhause zu sein. In den frühen Morgenstunden brachte mich ein Taxi zum kleinen Flughafen von Long Beach. Der Flug ging über Chicago bis nach Luxemburg, wo ich einen Gutschein der Fluglinie für ein Zugticket eintauschte. Ich hatte schon beinahe vergessen, wie sich eine Zugfahrt anfühlt. Ein Luxus. In Zürich stieg ich um. Von dort war es nicht mehr weit bis nach Vorarlberg. Die letzten Kilometer fuhr ich mit dem Regionalzug. Mir fiel auf, wie sich die Färbung des Dialekts veränderte. Mit jeder Haltestelle wurde mir der Klang der Sprache vertrauter. Ich hatte meinen Eltern in meinem letzten Brief geschrieben, an welchem Tag ich voraussichtlich ankommen würde. Als der Zug im Heimatbahnhof einfuhr, war es kurz vor Mitternacht. Die zwanzig Minuten vom Bahnhof bis nach Hause ging ich zu Fuß. Weil ich keinen Schlüssel bei mir hatte, musste ich wie ein Gast an der Vordertür klingeln. Das war ungewohnt. Hier endete meine Reise.

Durchs Fenster neben der Haustür sah ich nach einiger Zeit, dass mein Vater die Treppen herunterkam. Die Begrüßung war nicht besonders herzlich, was auch damit zu tun gehabt haben könnte, dass ich ihn aufgeweckt hatte. Vielleicht hatte es aber andere Gründe. Er erzählte mir in den letzten Jahren vor seinem Tod, dass er als Jugendlicher überlegt hatte, wie manche seiner Schulkollegen in die USA auszuwandern. Für ihn war das ein Traum geblieben. Den Rückhalt seines Vaters hatte er nie erfahren, weil dieser ein halbes Jahr nach seiner Geburt gestorben war. Sein um zehn Jahre älterer Bruder war zum Medizinstudium nach Innsbruck und nach dem Studium nach Salzburg übersiedelt. Bei seiner Schwester war es ähnlich. Sein zweiter Bruder hatte sich bis zu seinem frühen Tod um die Oma gekümmert. Als Jüngster übernahm mein Vater schließlich das Haus und das Grundstück und musste seinen Geschwistern ihren Anteil am Erbe auszahlen. Manchmal spürte ich bei ihm eine Enttäuschung, die vielleicht von seinen unerfüllten Träumen herrührte.

Erkenne deine Talente!

Kindheit und Jugend

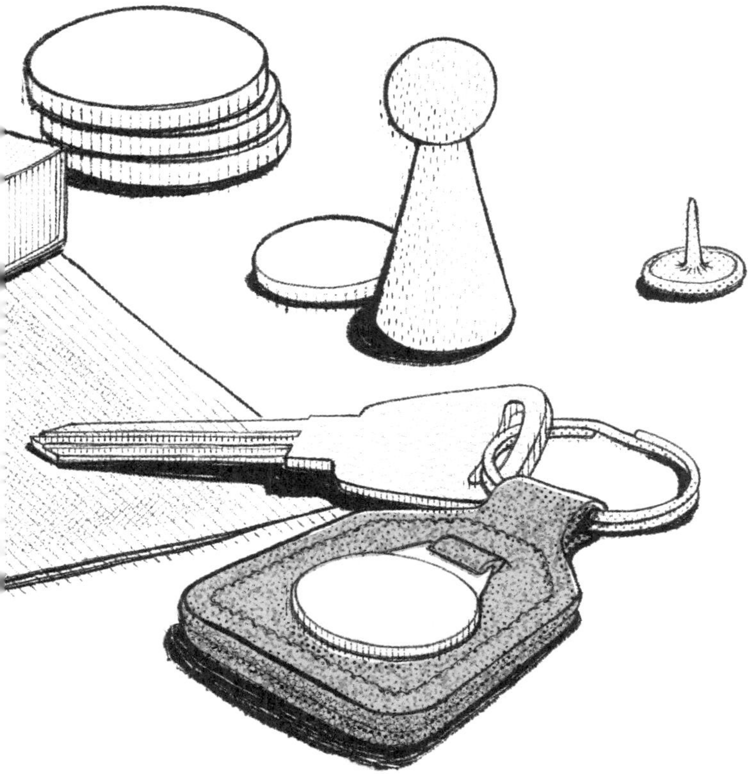

„Die Gnade baut auf der Natur auf." (*Thomas von Aquin*)
Wo habe ich Fähigkeiten und Stärken? Worin sehen andere meine Stärken?

Mich an meine Kindheit zu erinnern, weckt Kräfte und Lebensfreude in mir. Als Jugendlicher war ich für viele ein Sonnyboy. Unter der Oberfläche machte ich einige Krisen durch. Ich lernte, mit Durststrecken umzugehen und vor Problemen nicht davonzulaufen.

Das Viertel, in dem ich mit vier Geschwistern und vielen Nachbarskindern aufgewachsen bin, nennt sich Geißmahd. Menschen, die das Geißmahd nicht von klein auf kennen, mag das Viertel eher düster erscheinen, weil die Sonne in den Wintermonaten nur gut zwei Stunden zu sehen ist. So richtig langweilig und trüb kann es werden, wenn bei einem Tief aus dem Westen die Wolken, die aus der Schweiz übers Rheintal heranziehen, tagelang in den Bergen festhängen und sich ausregnen.

Zu den Dingen, die ich nur aus Erzählungen weiß, gehört, dass ich möglichst schnell – vielleicht zu schnell – auf eigenen Beinen stehen wollte. Der Chirurg unseres Spitals war schon genervt, wenn mich Mama wieder mit einer Kopfwunde vorbeibrachte, die genäht werden musste. Mich nahm er in Schutz, ich könne nichts dafür. Mama wurde ermahnt, sie solle besser auf mich aufpassen. In der ersten Klasse Volksschule stolperte ich im Klassenzimmer über den Gurt meiner Schultasche. Wieder hatte ich eine Kopfwunde. Diesmal brachte mich der Schulwart ins Spital. Die Umgebung war mir schon einigermaßen vertraut.

Als kleiner Bub sei ich regelmäßig zu zwei alten Bauersleuten, die ein paar Häuser weiter wohnten, zum Frühstücken gegangen. Bei ihnen bekam ich Riebel, eine Kraftnahrung, die es bei uns zuhause nur selten gab. Den in der Pfanne zubereiteten Maisgrieß weichte ich in einer Tasse mit warmer Milch ein und versüßte die Mahlzeit mit ausreichend Zucker.

Für uns Kinder bot das Geißmahd eine Fülle von Freizeitmöglichkeiten. Wir waren viel in der Natur. Der Ort, an dem ich am meisten Zeit verbrachte, war der angrenzende Wald. In der Nachbarschaft fand sich immer jemand, der bereit war für ein Abenteuer. Der Radius unserer Erkundungstouren erweiterte sich stetig. Immer wieder überschritten wir die Grenzen des bereits Bekannten. So wurde die Parzelle, die bis zu den Felswänden unseres Hausbergs reichte, zu unserer Welt, in der wir uns auskannten und in der jeder markante Punkt einen Namen hatte. Die „Burgen" waren zwei Gruppen von Felsblöcken, die für einige Zeit zum Zentrum unseres Reviers wurden. Der Wald war nicht nur unser Aufenthaltsort, er lieferte uns alles, was nötig war, um ein Lagerfeuer zu machen, Hütten und Staudämme zu bauen oder Steinschleudern, Pfeil und Bogen zu schnitzen.

Das Skifahren lernten wir ohne Beförderungsmittel auf den unterschiedlich langen oder steilen Hängen in unserer Umgebung. Irgendwann waren wir dann so gut, dass wir uns auf die Piste im Oberen Schütz wagten, wo es einen Schlepplift gab. Dafür waren nicht nur gewisse skifahrerische Fähigkeiten notwendig, sondern auch der halbstündige Fußweg mit den geschulterten Skiern. Ebenso gab es fürs Schlittenfahren unterschiedliche Varianten, die vom sanften Katzenbühel bis zur halsbrecherischen Abfahrt von der Alpe Gsohl reichten.

Im oberen Teil unserer Parzelle befand sich ein Wäldchen mit vier bis fünf Meter hohen Tannen, das sich bestens für eine spezielle Form des Fangenspiels eignete. Zwanzig Sekunden mussten ausreichen, damit jeder auf einen der Bäume kletterte. Wenn sich der Fangende an die Fersen eines Mitspielenden heftete, begann dieser wie ein Pendel mit der Tanne, auf der er sich befand, hin und her zu schwingen. Sobald er nahe genug am nächsten Baum war, griff er nach den Ästen, zog den Baum zu sich und sprang hinüber. Einmal war einer der Mitspieler zu weit nach oben geklettert und der Tannenwipfel brach ab. Er hatte Glück, weil sein Fall durch die Äste und den weichen Waldboden abgefedert wurde. Nachdem er wieder genug Luft hatte, ließen wir den abgebrochenen Baumwipfel verschwinden und zogen weiter.

An schönen Sommerabenden spielten wir bei uns oder bei einem unserer Nachbarn Verstecken. Wir bevorzugten eine Variante, die wir „Schwizer-Versteckerlis" nannten. Das Zentrum des Spiels bildeten drei aneinander gelehnte Holzscheite, die der Suchende so schnell wie möglich berühren und dabei die Namen der Gefundenen nennen musste, bevor einer der herbeieilenden Gefundenen die Holzscheite umstoßen konnte und das Spiel von Neuem begann. Wenn es dann dunkler wurde, kam die erste Aufforderung von Mama, reinzukommen, welche mit dem Hinweis abgelehnt wurde, dass wir nur noch dieses eine Spiel fertig spielen müssen. Irgendwann wurden unsere Ausreden aber nicht mehr akzeptiert. Was dann folgte, wussten wir. Wir mussten uns die Füße waschen. Manchmal jammerte ich, wenn eine Schnitt- oder Schürfwunde durch die Berührung mit dem Seifenwasser zu brennen begann. Unsere Füße zu waschen, schien uns unnötig, weil wir am nächsten Tag sowieso wieder barfuß herumlaufen würden.

Am unteren Ende unseres Grundstücks hatten wir so etwas wie einen Fußballplatz, wo wir uns regelmäßig mit den Nachbarskindern und anderen Freunden trafen. Aus drei Holzlatten hatten wir ein Fußballtor gezimmert, allerdings ohne Netz, was manchmal zu heftigen Streitereien führte, weil nicht klar war, ob ein platzierter Schuss ins oder neben das Tor gegangen war.

Dem Nebenerwerbsbauern am oberen Teil unserer Straße durften wir beim Heuen helfen. Die meisten Arbeiten wurden händisch erledigt. Beim Einbringen des Heus brauchte es einen Freiwilligen, der auf den Anhänger stieg und das Heu feststampfte, wofür wir Kinder uns gerne bereit erklärten. Dasselbe wiederholte sich auf dem Heuboden. Die Bauersleute warfen das Heu mit den Gabeln vom Anhänger nach oben, wo wir Kinder das Heu verteilt und festgestampft haben. Nach getaner Arbeit kletterten wir bis unter das Dach des Stadels und sprangen ins Heu. Bevor wir in der Küche um den Kindertisch Platz nahmen, der mit einer kräftigen Jause und einem Krug Holundersaft gedeckt war, wuschen wir uns beim Brunnen die Hände und schnäuzten den Heustaub aus unseren Nasen.

Beim Fällen eines alten Birnbaums hinter unserem Haus halfen einige Nachbarn mit. Die Erwachsenen begannen, um den Baumstamm herum die Erde aufzugraben und die Wurzeln frei zu legen. Eines der älteren Nachbarskinder kletterte auf den Baum, um ein Stück weit oben ein langes, dickes Seil zu befestigen. Das Kappen der Wurzeln mit einem Beil war die mühsamste Arbeit. Wir beobachteten die Erwachsenen genau. Dann wurde es spannend. Wir stellten uns in ausreichendem Abstand vom Baum der Größe nach auf – die Kleinsten ganz hinten – und zogen, was das Zeug hergab, am Seil, aber der Baum bewegte sich kaum. Das Schauspiel zog andere Nachbarn an und es versammelten sich immer mehr Menschen auf der Wiese. Es musste tiefer gegraben und es mussten mehr Wurzeln abgehackt werden. Das Seil war für die vielen Helferinnen und Helfer inzwischen fast zu kurz. Als der Baum beim x-ten Versuch schließlich fiel, hatte dies annähernd Volksfestcharakter, zumindest für uns Kinder.

Wenn die Nachbarn abends beisammenstanden, kam es vor, dass wir Kinder uns ein Wettrennen lieferten. Manchmal halfen Erwachsene mit ein paar Schilling Preisgeld nach. Die Laufrunde führte leicht ansteigend dem Wald entlang, weshalb die Route ganz einfach „Rund um's Wäldle" genannt wurde. Den Endspurt legten wir barfuß auf der Schotterstraße hin, was uns aufgrund der robusten Hornhaut auf unseren Fußsohlen nichts ausmachte.

Am Beginn der Schulferien stellten wir hinter unserem Haus ein altes Pfadfinderzelt auf. In dem Dreimannzelt hatten drei Nachbarskinder, meine zwei Brüder und ich leicht Platz. Als die Lichter im Schlafzimmer der Eltern endlich erloschen waren, gingen wir „geistern", was einem nächtlichen Streifzug durchs Geißmahd entsprach. Im Jahr darauf zelteten mein älterer Bruder und ich mit zwei Jugendlichen aus unserer Nachbarschaft für einige Tage auf dem Kapf, unserem Hausberg, von dem wir das gesamte Rheintal bis zum Bodensee überblicken konnten.

Mitten im Sommer spazierte eine große Jugendgruppe durchs Geißmahd. Schnell fanden wir heraus, dass sie aus dem deutschen Ruhrgebiet waren und ihren Urlaub in einem Ferienheim am Waldrand verbrachten. Ich schaute öfter dort vorbei und lernte mit der Zeit einige der Jugendlichen kennen. Als die gesamte Gruppe zu einer Wanderung auf unseren Hausberg aufbrach, entschloss ich mich spontan, sie zu begleiten und ihnen den Weg zu zeigen. Am Ende der Woche schenkte mir einer der Jugendlichen sein olivgrünes Käppi, das ich für den Rest des Sommers nur zum Schlafen ablegte.

Die Beziehung zu Oma, die nebenan im Elternhaus meines Vaters wohnte, war nicht ganz einfach. Wir waren ihr oft zu laut oder zu wild. Dass Oma es nicht leicht gehabt hatte, weil ihr Mann ein halbes Jahr nach der Geburt ihres vierten Kindes – meines Vaters – gestorben war, konnte ich erst später verstehen. Eine besondere Abwechslung war das Übernachten bei Mamas Eltern, die direkt an der Bahnlinie wohnten. Mein Opa arbeitete als Hausmeister und Gärtner bei den Vorarlberger Kraftwerken. Unmittelbar neben dem Wohnhaus und dem kleinen Elektrizitätswerk gab es einen großen Ziergarten, zu dem ein Teich mit Goldfischen und ein Glashaus gehörten. Hinter dem Elektrizitätswerk befand sich der Obstgarten, auf den Opa besonders stolz war, weil er die Apfelbäume selber beschnitt und veredelte. Wir verstanden nicht, warum er manche Äste abschnitt und andere nicht. Opa wurde auch anderswo gebeten, Bäume zu schneiden. Nicht immer waren seine Kundinnen und Kunden zufrieden. Eine Frau beschwerte sich nach getaner Arbeit, dass er zu viele Äste aus ihrem Apfelbaum geschnitten hätte. Darauf hat Opa kurz angebunden geantwortet: „Wollen Sie Holz oder Äpfel?“ Den Großteil der Äpfel aus seinem Garten lagerte er auf dem Dachboden. So gab es fast das ganze Jahr über Äpfel aus dem eigenen Garten. Mir schmeckte der Boskop-Apfel mit seiner rauen Haut am besten.

In Vorarlberg gibt es einige seltsame Bräuche. Zum Beispiel werden am ersten Sonntag in der Fastenzeit Funken, das sind überdimensionale Scheiterhaufen, abgebrannt, um die Kälte des Winters zu vertreiben. Als ich bereits die Hauptschule besuchte, kamen wir Kinder auf die Idee, im Geißmahd einen eigenen Funken zu bauen. Wir ließen nicht locker, bis wir auch die Erwachsenen überzeugt hatten, mitzumachen: Ein Nachbar stellte seine Wiese zur Verfügung. Einer der Bauern half uns, mit seinem Traktor größere Mengen Holz zu transportieren. Es fand sich jemand, der Getränke und etwas zum Essen besorgte. Die Mundpropaganda wirkte und der Geißmähdler Funken wurde für einige Jahre zu einem Geheimtipp in unserer Gemeinde.

Toni Oberhauser kam als neuer Kaplan in unsere Pfarre, der bald für seine ausgiebigen Stammtischrunden im Gasthaus Löwen und seine zwanzigminütigen Frühmessen bekannt war. Die Pfarrjugend erlebte damals einen Aufschwung. Es wurde ein altes Bauernhaus im Tiroler Lechtal gepachtet. Der Kaplan bat mich, dem Mesner, der gleichzeitig Tischler war, an schulfreien Tagen bei den Renovierungsarbeiten zu helfen. Mit einem alten BMW-Motorrad fuhren wir ins Lechtal, was für mich quasi schon Entlohnung für meine Handlangerdienste war. Nach zwei, drei Arbeitseinsätzen war das Matratzenlager fertig und Küche und Speisesaal waren so hergerichtet, dass Ferienlager für dreißig Kinder stattfinden konnten.

Dass wir beim Sternsingen für einen sozialen Zweck sammelten, spielte für mich eine untergeordnete Rolle. Das erste Mal, dass ich mich bewusst entschied, mich an einem Hilfsprojekt zu beteiligen, war im Sommer 1977. Ein Jahr nachdem Friaul, eine Region Norditaliens, von einem Erdbeben heimgesucht worden war, lud mich ein Freund ein, mit einer Pfadfindergruppe nach Friaul zu fahren, um beim Wiederaufbau zu helfen. Ich war damals vierzehn. Untergebracht waren wir in Baracken. Wenn ich den Blick des Mannes, dem ich bei der Renovierung seines Hauses helfen sollte, richtig interpretierte, erwartete er sich von mir keine große Hilfe und er behielt Recht. Für zwei Tage bearbeitete ich mit Hammer und Meißel eine Hauswand. Danach hatte ich eine Sehnenscheidenentzündung und wurde für den Küchendienst eingeteilt. Auch wenn ich mich im Küchenteam wohl fühlte, war das eine ziemliche Enttäuschung.

Seit dem Beginn der Hauptschule hatte ich Gitarrenunterricht genommen. Anfangs plagte ich mich mit Tonleitern und Taktarten. Nach einem Jahr bekam ich eine neue Lehrerin. Gerty war in Vorarlberg eine bekannte Jazzmusikerin, zu der ich bewundernd aufschaute. Beim jährlichen Konzert der Musikschule spielten und sangen meine Jahrgangskollegin und ich abschließend das Lied *How many roads* von Bob Dylan. Beim Publikum kam es gut an, beim Direktor weniger. Während der letzten beiden Schuljahre hatten wir einen sehr jungen Musiklehrer. Es machte Spaß, wie Herr Kloser Musik unterrichtete. Das hatte auch mit seinem Musikgeschmack zu tun. Von ihm lernten wir Lieder von Simon and Garfunkel oder das Lied *Me and Bobby McGee*, in dem beschrieben wird, wie zwei Straßenmusiker per Anhalter quer durch die USA reisen. Unser Lehrer schrieb die Texte an die Tafel und begleitete die Lieder mit seiner Gitarre. Mir fiel auf, dass er andere Griffe verwendete, als ich sie gelernt hatte. Ich notierte mir alles und begann die Lieder zuhause zu spielen. Schließlich hat er aus verschiedenen Klassen einen Chor zusammengestellt. Für den Auftritt bei der Weihnachtsfeier hatte er uns vierstimmige Gospels beigebracht. Ich durfte eines der Soli singen.

Gegen Ende der Hauptschule drängte sich das Thema Mädchen langsam in den Vordergrund. Bei Schulausflügen und beim Skilager freundeten wir uns mit Mädchen aus der Parallelklasse an. Ich hatte einige Fans. Das Mädchen, das mir am besten gefiel, war nicht darunter. Beim Skilager bekam ich ungefragt Tipps, welche Skikleidung mir besser stehen würde. Ab dem Zeitpunkt wurde der gelbe Skioverall aussortiert und ich war mit der enganliegenden Jethose auf der Piste unterwegs. Während der Sommerferien lernte ich im Freibad eine Gruppe von Mädchen kennen. Wir brauchten uns nicht zu verabreden, weil wir uns immer an demselben Liegeplatz trafen. Ich begann mich plötzlich für den Wetterbericht zu interessieren. Heiteres Wetter erfüllte mich schon am Vorabend mit Freude auf das Wiedersehen. Bei schlechten Vorhersagen hoffte ich bis zuletzt, dass sich die Meteorologinnen oder Meteorologen irren würden.

In der Schule, in die ich 1977 wechselte, spielte das Thema Mädchen nur eine Nebenrolle. Die „Höhere Technische Lehranstalt“ (HTL), die in der Nähe meines Heimatortes eröffnet wurde, war damals bis auf wenige Ausnahmen eine reine Burschenschule. Den Tanzkurs, der im zweiten Jahr stattfand, machten wir gemeinsam mit den Mädchen der Hauswirtschaftsschule nebenan. Für die Zuordnung der Paare für den Abschlussball des Tanzkurses bildeten wir zwei Reihen. Auf der einen Seite stellten sich die Burschen der Größe nach auf, auf der anderen Seite die Mädchen. Ich war einer der kleinsten in meiner Reihe. Die Grundschritte für Walzer, Foxtrott und Rock ’n’ Roll prägte ich mir ein und sie gingen mir später durch den regelmäßigen Besuch von Tanzveranstaltungen in Fleisch und Blut über.

In den technischen Fächern tat ich mich wesentlich schwerer als beim Tanzen. Wir hatten fast ausschließlich männliches Lehrpersonal. Einige Professoren hatten davor in Elektronikfirmen gearbeitet, manche waren nur im Nebenberuf Lehrer und arbeiteten hauptsächlich im Technologiebereich. Die meisten waren fachlich gut, die pädagogische Qualifikation hatten sie sich, wenn überhaupt, in einem Crashkurs erworben. Der Umgangston war rau, es wurde viel Druck erzeugt und dementsprechend ausgesiebt. Zu Beginn waren wir 35 Schüler und eine Schülerin. Nur die Hälfte jener, die mit mir die erste Klasse begannen, haben schließlich maturiert.

Einer meiner Lieblingslehrer in der Hauptschule hatte von der HTL geschwärmt. Für ihn war das die Schule für jene, die wirklich etwas konnten. Mir hatte er viel zugetraut. Nun merkte ich, dass ich Mühe hatte, dem Lehrstoff zu folgen. Gegenüber den Mitschülern, die aus dem Gymnasium kamen, hatten wir Hauptschüler einiges aufzuholen. Manche meiner Mitschüler waren älter, weil sie eine Lehre in einer Elektrofirma hinter sich hatten. Sie taten sich in den technischen Fächern leichter, dafür waren die Fächer Deutsch und Englisch für sie eine Herausforderung. Zu unserer Klasse gehörte ein Genie, das speziell in Mathematik alle in den Schatten stellte, sogar den Mathematikprofessor. Die Beziehung zu den Lehrern war zumindest im ersten Schuljahr eher unterkühlt. Für sie waren wir vor allem ein Haufen pubertierender Burschen, die im Unterricht unangenehm werden konnten, wenn man zu viel zuließ.

Ich fand mich mit meinen vierzehn Jahren plötzlich mit einem Alltag konfrontiert, der dem eines Erwachsenen glich. Wir hatten vierzig Stunden Unterricht. Dazu kam der Schulweg, für den ich, je nach Zugverbindung und Wetter, zirka eine Dreiviertelstunde für den Hin- und genauso lange für den Rückweg benötigte. In der Früh verließ ich vor 7 Uhr das Haus und kam abends manchmal nicht vor 19 Uhr zurück. Ich konnte mir nicht vorstellen, wie es möglich sein sollte, in der restlichen Zeit Hausübungen zu machen und zu lernen. Freizeit, wie ich sie bis dahin kannte, kam in diesem Konzept nicht vor. In den technischen Fächern wollten mir manche Zusammenhänge nicht einleuchten. Das war ungewohnt für mich. Früher merkte ich mir die Dinge spielerisch. Die hohen Anforderungen und die Atmosphäre an der Schule sowie der Umgangston in der Klasse führten bei mir zu einer inneren Blockade. Einmal nahm mich ein Fachlehrer in der Werkstätte aus dem Unterricht und brachte mich ins Sanitätszimmer, wo ich mich niederlegen konnte. Ich war erschöpft. In den folgenden Wochen war ich mit meiner Mutter beim Hausarzt. Seine Diagnose: Die Kantinenverpflegung, die aus Wurstsemmeln und Kakaomilch bestand, sei für einen Heranwachsenden wie mich nicht die ideale Voraussetzung. Ich solle darauf achten, dass ich ausreichend zu essen bekomme. Die Krise hatte wenigstens eine angenehme Nebenerscheinung. Die Deutschlehrerin gab mir für meinen Aufsatz zum Thema „Umstellungsschwierigkeiten bei einem Schulwechsel" die Note „Sehr gut". Sie spürte, dass mich dieses Thema beschäftigte, und bat mich, den Aufsatz meinen Mitschülern und meiner Mitschülerin vorzulesen.

Das Selbstvertrauen, das ich gegen Ende der Hauptschule verspürt hatte, war verschwunden. Jede weitere schlechte Note trübte meinen Blick in die Zukunft. Mein Bubentraum, Pilot zu werden, der bei der Schulwahl auch eine Rolle gespielt hatte, verabschiedete sich still und heimlich von der Bildfläche. Mit fünfzehn Jahren verlagerte sich mein Fokus deshalb mehr und mehr von der Schule auf das Ausgehen am Wochenende. Arno, der zwei Klassen über mir war, wurde zu meinem Vorbild. Er verkörperte für mich so etwas wie Freiheit und Lebensfreude. Er hatte eine Freundin, mit der er jeden Morgen in einem Zweipersonenabteil der alten Triebwerksgarnituren saß und zur Schule fuhr. Durch ihn wuchs ich langsam in einen neuen Freundeskreis hinein. Die meisten, die dazu gehörten, waren wie Arno einige Jahre älter als ich. Das hatte den Vorteil, dass sie bereits einen Führerschein hatten und sich dadurch der Radius der attraktiven Lokale um einiges erweiterte. Es hatte den Nachteil, dass meine Eltern der Meinung waren, dass ich früher zuhause sein sollte, als meine Freunde es üblicherweise waren. Das Resultat waren gelegentliche Ausgehverbote.

Ich hatte inzwischen ein eigenes Zimmer. Von einem Schulkollegen, dessen Eltern eine Elektrofirma besaßen, bekam ich einen alten Plattenspieler geschenkt, den ich nach meinem ersten Ferialjob durch eine kräftigere Stereoanlage ersetzte. Die ersten Schallplatten, die ich mir kaufte, waren von Bob Marley & The Wailers und von Stevie Wonder.

Mein Taschengeld musste ich mir selbst organisieren. Ich fand einen Job bei einer Tankstelle, die nur fünf Minuten von zuhause entfernt war. Dort arbeitete ich jedes zweite Wochenende am Samstagnachmittag und am Sonntag. Es war zwar beinhart, nach einer langen Nacht in der Disco am Sonntag früh um 8 Uhr die Tankstelle aufzusperren, aber daran führte nichts vorbei. Ich benötigte das Geld, um mir das wöchentliche Ausgehen, Zigaretten, Kleidung – und was sonst noch dazugehörte – zu finanzieren. Rauchen war zuhause nicht erlaubt. In der Schule gehörte ich ab sofort zu den Coolen, die im Raucher-Stiegenhaus anzutreffen waren. Mit Arno fuhr ich gelegentlich über die Schweizer Grenze, um beim Kiosk gleich neben dem Zollamt Marlboro in der Softpackung zu kaufen. Die waren nicht nur billiger als jene in der Schachtel, in meinen Augen waren sie ein besonderes Zeichen für Lässigkeit. An den Wochenenden trafen wir uns abends im Schlosscafé und von dort ging es dann weiter. Manchmal wusste jemand von einer Party oder wir fuhren gleich in die *Rätschkachl,* unserem Lieblingslokal in der größeren Nachbargemeinde. Von dort führte meistens kein Weg vorbei am *Sender*, einer Disco, die sich mitten in der Grünzone des Rheintals befindet. Ich war zwar noch zu jung, aber Arno kannte *Säbel*, den Türsteher, der bei mir ein Auge zudrückte. Mit der Zeit gehörte ich zum Stammpublikum. Meistens stand ich wie festgewachsen am Rand der Tanzfläche, rauchte und schaute mich um. Bei bestimmten Musiktiteln, die mir zusagten und meiner Stimmung entsprachen, begab ich mich auf die Tanzfläche. Ich fühlte mich in diesem Ambiente wohl. Nicht selten blieben wir bis zum Lied *Return to Sender*, das die Sperrstunde markierte.

Ich verbrachte nicht nur die Wochenenden mit meinen Freunden. Wir planten auch den Urlaub gemeinsam. Die Ministranten- oder Pfadfinderlager waren okay, aber ich wollte auch einmal ohne Gruppe, nur mit Freunden unterwegs sein. Unsere erste gemeinsame Reise ging nach Florenz. Gewohnt haben wir in einer billigen Pension, die Arno, der sich auf Italienisch unterhalten konnte, organisierte. Das Flair der Stadt habe ich genossen. Die Plätze mit den Straßenhändlern und Musikern waren unser Hauptaufenthaltsort. An einem Abend zog ein Gewitter auf. Die Händler haben ihre Sachen, die auf dem gepflasterten Platz aufgelegt waren, im letzten Moment in Sicherheit gebracht. Ein großes schwarz-weißes Poster, das scheinbar nicht sehr wertvoll war, blieb auf dem Asphalt liegen. Als die ersten Tropfen fielen, rollte ich das Plakat zusammen und nahm es mit. Für mich war es wie eine Trophäe. Das Papier war ein wenig ausgegilbt und hatte kleinere Risse und Knitterfalten. Ich versuchte, es zu glätten, und fixierte es an der Wand meines Schlafzimmers, wo es mich an das unbeschwerte Leben in Florenz erinnerte. Auf dem Poster war in Großaufnahme ein langhaariger Mann zu sehen. Laut meinem älteren Bruder war es Neil Young. Das passte gut zu meiner wachsenden Plattensammlung, zu der noch andere Musiker gehörten, die in Woodstock aufgetreten waren. Neben dem Poster begann ich meine leeren Marlboro-Schachteln an die Wand zu heften.

Zu meinen Freizeitbeschäftigungen gehörten auch die Nachmittage, die ich im einzigen Musikladen meines Heimatortes verbrachte. Eigentlich war es nur eine Musikecke, im Rest des Ladens wurden Lampenschirme und Küchengeräte verkauft. Lisi, die die Musikecke betreute, kannte mit der Zeit meinen Musikgeschmack. Sie machte mich auf Neuerscheinungen aufmerksam. Manchmal habe ich nach längerem Herumstöbern in den Schubladen ein besonders seltenes Stück gefunden und hörte es mir am Tresen mit den Kopfhörern an. Je nachdem, ob es mein Budget erlaubte, habe ich mir die Platten auch gekauft. Ich hatte den Eindruck, dass Lisi meine Anwesenheit mochte. Ihr war es egal, ob ich etwas kaufte. Es war etwas Besonderes, dort im Musikladen zu sitzen und der Musik zu lauschen. Die Musik hat meine Stimmung verändert. Die Welt hat danach anders ausgeschaut.

Wider Erwarten schaffte ich die erste Klasse der HTL. In meinem Angstfach „Grundlagen der Elektrotechnik“ hatte ich am Ende des Schuljahres eine Entscheidungsprüfung zwischen Genügend und Nicht genügend, die in einem separaten Klassenraum stattfand. Der Professor gab mir ein Genügend und meinte, dass mir der Knopf endlich aufgegangen sei. Angesichts des Zuspruchs kamen mir die Tränen. Danach setzte ich aber schnell wieder die coole Miene auf. Ich hatte mir inzwischen ein neues Image zugelegt. Ich war ein durchschnittlicher Schüler und tat, was notwendig war. Wenn ich spürte, dass Lehrer sich nicht durchsetzen konnten, klinkte ich mich aus und tat nichts.

Kleidung war zu der Zeit ein wichtiges Thema für mich. Vom Geld, das ich an der Tankstelle verdiente oder bei bestimmten Festen geschenkt bekam, floss einiges ins Textilgewerbe. Mein Lieblingsgeschäft war das *Chez Lapin* in unserem Nachbarort. Doris, die Verkäuferin, war immer zum Scherzen aufgelegt. Ich kannte sie von unseren nächtlichen Ausgehtouren. Sie war quasi meine Stylistin und gab mir Tipps, welche Hose oder welches Hemd mir steht. Die Jeansjacke, die ich bei ihr kaufte, gehörte über viele Jahre zu meiner Grundausstattung. Dann waren da noch die hellbraunen Lederstiefel, die mir fast bis zu den Knien reichten. Ich ließ sie beim Schuster reparieren, nachdem sie mir Arno überlassen hatte. Sie waren abgetragen und vermittelten einen verwegenen Eindruck. Sie begleiteten mich Sommer wie Winter. Bequem waren sie nicht, aber das war zweitrangig. Ich war immer auf der Suche nach cooler Kleidung. Unter den Sachen, die mein Vater nicht mehr anzog, entdeckte ich – oder war es mein älterer Bruder – eine alte Raulederjacke, die wir uns an den Wochenenden abwechselnd ausliehen. Als ich in der Schule mit einer neuen Hose mit Camouflage-Muster auftauchte, wurde das von einigen Mitschülern als politisches Bekenntnis interpretiert. Sie lachten mich während der großen Pause in der Eingangshalle aus, was ich vor den Augen der halben Schule über mich ergehen lassen musste.

Mit 16 Jahren hatte ich mir in den Kopf gesetzt, allein zu verreisen. Ich glaube, dass ich mir beweisen wollte, dass ich mich, wenn es sein muss, selbst durchschlagen kann. Mein Ziel war die griechische Insel Santorin. Ich hatte einen Gutschein für die Überfahrt von Italien nach Griechenland, aber der Hafen von Brindisi war dermaßen überfüllt, dass es chancenlos war, einen freien Platz auf dem Deck einer Fähre zu erhalten. Ich übernachtete wie hunderte andere Rucksacktouristinnen und -touristen auf der Terrasse des Hafengebäudes. Am zweiten Tag war immer noch nicht abzusehen, ob sich die Lage bessern würde. Ich gab auf und nahm einen Zug, der mich bis Ancona brachte, wo ich in der Nähe des Bahnhofs nach einem geeigneten Schlafplatz suchte. Ich konnte lange nicht einschlafen, weil ich jedes Geräusch registrierte. Auch nach Mitternacht war um den Bahnhof einiges los.

Ich beobachtete, wie eine Gruppe die Schalterhalle verließ und sich in Richtung meines Schlafplatzes bewegte. Als sie nicht mehr weit von mir entfernt war, getraute ich mich nicht mehr aufzuschauen. Die Schritte kamen näher, ich hielt den Atem an. Jemand berührte meine Schulter, da bemerkte ich, wie kalt sich mein Körper anfühlte. Ich schaute mich um. Da war niemand. Ich zog mir den Schlafsack über den Kopf und versuchte, weiterzuschlafen.

Ich hatte meine ersten Freundinnen, die ich in Discotheken oder bei Partys kennenlernte. Arno war der Schlüssel zu vielen neuen Bekanntschaften. Es wurde zu unserer Masche, dass er mich dort, wo wir auftauchten, als seinen kleinen Bruder vorstellte. Das schien den meisten wegen einer gewissen Ähnlichkeit im äußeren Erscheinungsbild plausibel. Bei einem Reggae-Konzert in der Stadthalle unseres Nachbarortes lernte ich Christine kennen. Nach dem Konzert begleitete ich sie händchenhaltend bis vor die Haustür. Als ich mich verabschiedete, war es schon spät. Ich fuhr per Autostopp nach Hause. Wir waren zwei Monate zusammen. Es war eine schöne Zeit. Ich hatte noch mehrere Beziehungen. Keine dauerte länger. Bei Beobachterinnen und Beobachtern erweckte ich den Eindruck eines Frauenhelden. Ein älterer Schulkollege meinte später einmal, als wir über das Leben als Ordensmann und das Thema Frauen zu sprechen kamen, dass ich das während der Schulzeit hinreichend ausgelebt hätte.

Ein anderer Nebenschauplatz während der Schulzeit war für mich das Handballspielen. Da unserer Schulmannschaft bei der Vorarlberger Schulmeisterschaft ein Torwart fehlte, sprang ich ein. Ich hatte ein paar gute Szenen und begann schließlich im Verein meines Heimatortes zu trainieren. Im Lauf der Jahre schaffte ich es in die Vorarlberger Jugendauswahl. In der ersten Mannschaft unseres Vereins gab es noch einen Goalie, der erfahrener und konstanter war als ich. Ich beobachtete, dass meine Abwehrleistung sehr von meiner mentalen Verfassung abhing. Manchmal gelang mir nichts, ein anderes Mal hielt ich die platziertesten Torschüsse. Gelegentlich begleiteten mich Freundinnen zum Match. Dass eine Frau am Spielfeldrand oder auf der Tribüne mit mir mitfieberte, steigerte mein Selbstvertrauen. Meine beste Partie lieferte ich am Tag nach meinem Maturaball gegen den Tabellenführer unserer Liga ab. Beim ersten Siebenmeter-Strafstoß wurde ich eingewechselt und hielt ihn. Danach wehrte ich unglaubliche Bälle ab und wir gewannen das Match. Den Spielbericht in der Tageszeitung, in dem ich erwähnt wurde, hob ich mir auf.

Inzwischen war ich achtzehn und hatte den Führerschein gemacht. Meistens konnte ich mir das Auto meines älteren Bruders ausleihen. Manchmal lieh mir Arno seinen Triumph Cabrio und gelegentlich war ich per Autostopp unterwegs. Ich schaffte die Zulassung zur Matura. Das Ende eines fünfjährigen Leidensweges schien zum Greifen nahe. Doch es kam anders. In den Lernferien endete die Beziehung zu meiner damaligen Freundin im Streit. Es standen Anschuldigungen und Behauptungen im Raum, die mich enorm unter Druck setzten. Ich war unfähig, mich in dieser angespannten Situation auf die Schlussprüfung vorzubereiten. Die Matura schien mir auf einmal wieder in unendliche Ferne gerückt. So wurden die Wochen davor für mich zur eigentlichen Reifeprüfung. Arno war einer der wenigen, mit dem ich über die Situation sprechen konnte. Ich wusste mir nicht zu helfen. Im Fluss meiner Gedanken blieb mein Blick vor einer alten Osterkerze hängen, die ich einmal geschenkt bekommen hatte und die in der Ecke meines

Zimmers stand. Es fiel mir ein Gebet ein und ich beruhigte mich. In den verbleibenden Tagen vor der mündlichen Matura lernte ich das Notwendigste. Mein Spezialgebiet in Deutsch war Heinrich Kleist, der sich innerlich verwundet das Leben genommen hatte. Sein Schicksal berührte mich. Von der Souveränität, mit der ich dem Deutschprofessor die Fragen beantwortete, die er mir zu Kleists Werken und seinem Leben stellte, war bei den vier technischen Fächern nichts zu spüren. Eine Prüfung bestand ich nur deshalb, weil mein Professor beide Augen zudrückte. In den Wochen nach der Matura begegnete ich meiner ehemaligen Freundin noch einige Male. Als ich in Wien im Heim für obdachlose Männer arbeitete, kam sie mich besuchen und wir versöhnten uns miteinander. Nach meiner Matura ließ ich mich nur zögerlich und mit einer gewissen Vorsicht auf neue Beziehungen ein.

Der Sommer 1982 war dann eine kurze Periode, die von einer Leichtigkeit geprägt war. Ich erinnere mich an einen Besuch bei Arno in Mailand, der eine Grafikausbildung machte. Ich kehrte im Cabrio meines ehemaligen Musiklehrers, den wir zufällig in einem Café getroffen hatten, nach Vorarlberg zurück. Während der Fahrt hörten wir seine neuesten Lieblingsinterpreten und er erklärte mir, was ihn an deren Musik faszinierte. Die Fahrt vermittelte mir das Gefühl, an die Unbeschwertheit meines Lebens vor dem Schulwechsel anknüpfen zu können.

Als der Sommer vorbei war, wurde es schnell wieder ungemütlich. Ich hatte mir über die Sinnhaftigkeit des Militärdienstes keine Gedanken gemacht und meldete mich freiwillig für eine Kaserne in Innsbruck. Einige meiner Freundinnen und Freunde studierten in Innsbruck und ich hoffte, neben der Ableistung des Präsenzdienstes verschiedene Vorlesungen an der Universität besuchen zu können. Es kam aber anders. Nachdem wir in Innsbruck unsere Uniformen ausgefasst hatten, wurde unsere Kompanie auf die Ladeflächen mehrerer Lastwagen verfrachtet und in ein kleines Tiroler Seitental verlegt, weil die Innsbrucker Kaserne gerade renoviert wurde. Der einzige Vorteil war, dass in unserer fünfzigköpfigen Kompanie, die in einem alten Gerichtsgebäude untergebracht war, eine fast familiäre Stimmung herrschte. Der Leiter unserer Minikompanie verhielt sich kollegial. An einem Abend diskutierten wir in größerer Runde offen über Sinn und Sinnlosigkeit der Landesverteidigung. Als mir am Ende der zweimonatigen Grundausbildung mitgeteilt wurde, dass ich als Reservist ausgewählt worden sei und deshalb nur sechs Monate dienen müsse, dafür aber jedes Jahr für ein paar Wochen für Übungen eingezogen werde, wehrte ich mich erfolgreich. Die restlichen sechs Monate habe ich schließlich in einer Kaserne in einem Vorort von Innsbruck verbracht. Ich erhielt eine Verwaltungsaufgabe im Büro eines Unteroffiziers. Das Schlafzimmer teilte ich mir mit siebzehn Kollegen. Ich war der einzige aus dem Bundesland Vorarlberg, alle anderen kamen aus dem Großraum Innsbruck, was gegen Ende unseres Präsenzdienstes zur Folge hatte, dass ich fast allein im großen Zimmer übernachtete, während die anderen die Erlaubnis erhalten hatten, zuhause zu übernachten. So gesehen war ich ein bisschen ein Außenseiter. Einmal machte sich ein Bettnachbar einen Spaß daraus, mich beim Umziehen nackt zu fotografieren, was die restlichen Zimmerkollegen sehr lustig fanden. Als ein anderer Präsenzdiener spät abends stockbesoffen einrückte und sich ein paar Meter neben mir übergeben musste, holte ich einen Eimer Wasser und einen Putzlappen, um die Sauerei zu beseitigen. Demjenigen, der das Malheur verursacht hatte, blieb dadurch auf alle Fälle ein Problem mit dem diensthabenden Unteroffizier erspart. Jahre später traf ich zufällig einen der Zimmerkollegen an seiner Arbeitsstelle. Ich erzählte ihm, dass ich inzwischen Jesuit geworden sei. Er meinte, dass ihn das nicht überrasche.

Während des Bundesheers hatte ich begonnen, von einer Reise in die USA zu träumen. Nach meinem Dienst beim Militär machte mich ein Bekannter, der wusste, dass ich Geld für mein Vorhaben benötigte, auf eine Modelagentur aufmerksam. Er meinte, dass das „Fashion-Team", so hieß die Agentur, immer wieder Männer suchen würde. Das Auswahlverfahren bestand darin, dass wir eine Choreografie einstudieren mussten. Ich konnte mir die Schritte schnell einprägen und wurde genommen. Danach begann eine mehrwöchige intensive Vorbereitungszeit auf die Herbstsaison. Das Team bestand aus zwölf Models, neun Frauen und drei Männern. Wir bildeten Kleingruppen in wechselnder Besetzung und übten dazu Choreografien ein. Die Kleidung, die wir vorführen sollten, wurde jeweils so zusammengestellt, dass sie den einstudierten Nummern zugeordnet werden konnte. Walter, einer der Leiter des Teams, produzierte ein Audioband mit allen Liedtiteln, Hannes, der andere Leiter, der ein bekannter Sprecher im regionalen Rundfunk war, moderierte die Modeschauen. Wir tourten zirka zwei Monate durch Österreich, den süddeutschen Raum und die Schweiz. Ich war unter den Männern mit meinen einundzwanzig Jahren der Jüngste und insgesamt derjenige mit der geringsten Berufserfahrung. Unter den Frauen waren jüngere Models, aber sie hatten bei der Misswahl schon Erfahrungen gesammelt.

Die Modeschauen wurden monetär in einem Umfang abgegolten, der meinen bisherigen Tankstellenjob bei weitem übertraf. Mit den 55.000 Schilling, die ich bei der Modelagentur verdiente, kam ich meinem Ziel, für ein Jahr in die USA zu reisen, einen großen Schritt näher. Die Aufnahme ins Team der Models war aber mehr. Ich hatte den Eindruck, dass ich etwas erreicht hatte, was ich mir ersehnte. Auf der Bühne zu stehen, Beachtung, Anerkennung und Wertschätzung zu finden. Zudem verknüpfte dieser Job drei Dinge, die mir wichtig waren: Musik, Tanz und Kleidung. Es machte mir Spaß, mit einer Gruppe durchs Land zu fahren und Kleider von verschiedenen Modelabels zu präsentieren, was aber nicht bedeutete, dass die Klamotten, die wir vorführten, immer meinem Geschmack entsprachen.

Nach der Modeschau im Parkhotel am Schlosspark Schönbrunn lernte ich ein Model kennen, das früher beim Fashion-Team gearbeitet hatte. Wir waren die ganze Nacht in verschiedenen Lokalen unterwegs. Als ich am darauffolgenden Morgen ohne Frühstück in den Bus stieg, der uns zur nächsten Vorführung brachte, erntete ich von einer meiner Kolleginnen einen bösen Blick. Sie fragte mich, wo ich die ganze Nacht gewesen sei. Ich zog meine Augenbrauen hoch und setzte mich in die letzte Reihe, wo ich die Fahrt schlafend verbrachte.

Nach einer Serie von Auftritten hatten wir ein paar Tage Pause. Ich besuchte das Schulfest an meiner ehemaligen Schule und kam mit Schülerinnen der benachbarten Hauswirtschaftsschule ins Gespräch. Weil ich mit dem Auto meines Bruders unterwegs war, bat mich eine der Schülerinnen, ob sie mit mir anschließend in die Discothek *Sender* fahren könnte. Wir tanzten miteinander und kamen uns näher. Als ich nach zwei Wochen wieder Schluss machte, war sie, glaube ich, sehr enttäuscht. Ich wolle mich angesichts meiner baldigen Reise nach Amerika nicht auf eine Beziehung einlassen oder so ähnlich, erklärte ich ihr das rasche Ende.

Das Lied *New York, New York* von Frank Sinatra war das große Finale unserer Show, zu dem alle auf die Bühne kamen. Einer meiner Kollegen sang dazu ein Playback: „New York, wenn ich es dort schaffe, dann schaffe ich es überall." Während der Proben hatte mich unsere Choreographin gefragt, ob ich nicht auch zu einem Lied ein Playback machen möchte. Ich hatte meine Plattensammlung durchstöbert und das Lied *Sally Can't Dance* von Lou Reed ausgewählt. Meine Idee stieß auf wenig Gegenliebe, was bei genauerer Betrachtung des Liedtextes, in dem der Abstieg eines Fotomodels beschrieben wird, verständlich war.

Nachdem die Modeschauen vorüber waren, nahm das Fashion-Team an einem Hallenfußballturnier teil. Für mich war es eine willkommene Gelegenheit, meinen Kolleginnen und Kollegen eine Kostprobe meiner Torwartqualitäten abzuliefern. Insgesamt überzeugten wir aber weniger durch unsere sportlichen Leistungen, sondern mehr wegen der Frauen, die auf der Tribüne Platz genommen hatten und uns anfeuerten. Als ich mich Ende November in Richtung USA verabschiedete, gehörte ich zur Familie des Fashion-Teams. Die meisten rechneten, glaube ich, damit, dass ich nach meiner Reise zum Team zurückkehren würde.

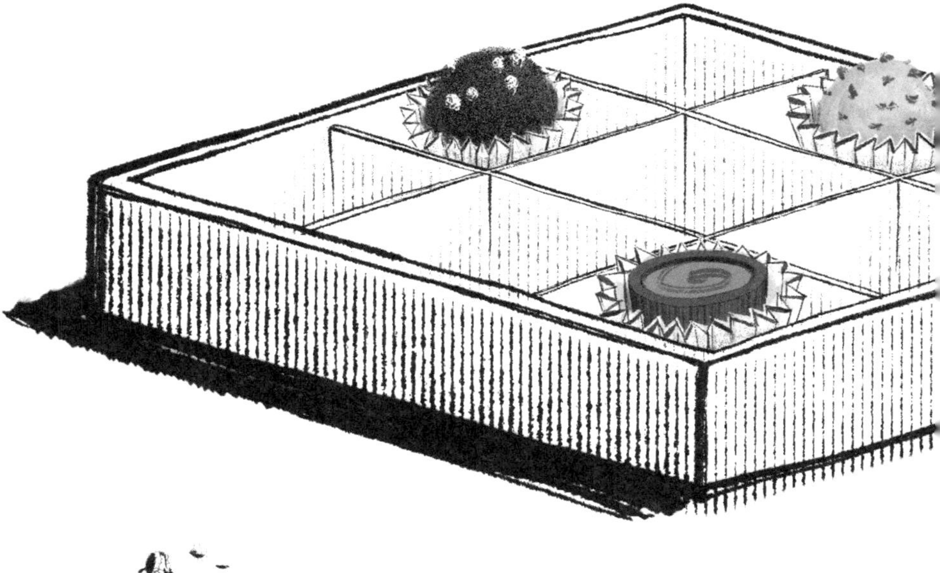

Entwickle Alternativen und hole dir Rat!

Die Suche nach meiner Bestimmung

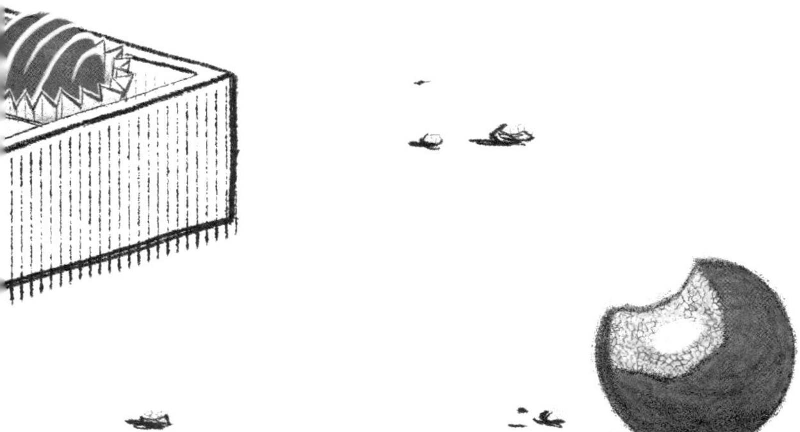

Male dir einige Zeit eine Alternative aus, dann die andere: Was merkst du?
Suche Personen, denen du vertraust, die dir Freiraum lassen und dich zugleich herausfordern. Deine Motivationen klären sich, wenn du mit anderen redest.

Im folgenden Lebensabschnitt spürte ich eine große Verunsicherung. Das auszuhalten, war wahrscheinlich die größte Herausforderung. Im Ausprobieren verschiedener Lebensentwürfe tastete ich mich Schritt für Schritt an existentielle Entscheidungen heran.

Nach meiner Reise durch die USA und Mexiko war ich gerne wieder zuhause. Ich teilte mir das Zimmer mit meinem um zehn Jahre jüngeren Bruder und verbrachte viel Zeit mit ihm, während die anderen Geschwister abends meist länger unterwegs waren. Ich versuchte, meinen Tagesrhythmus, den ich auf meiner Reise gepflegt hatte, in die neue Umgebung zu übertragen. Ich saß täglich eine halbe Stunde auf dem Balkon, las einen Absatz in der Bibel und genoss den Blick auf die saftig-grüne Wiese und die Obstbäume vor unserem Haus. Ich ging viel spazieren. In den umliegenden Bergen entdeckte ich Wanderrouten und Geheimwege, die ich noch nie benutzt hatte. Die Art, wie ich die Natur und andere Dinge sah, hatte sich verändert.

Ich wartete gespannt auf den Tag, an dem ich die Fotos und Dias abholen konnte, die ich auf meiner Reise aufgenommen hatte. Als ich die Bilder auf die Wand unseres Wohnzimmers projizierte, war es, als ob ich wieder dort stehen würde, wo ich das jeweilige Foto aufgenommen hatte. Ich stellte einen Diavortrag zusammen, den ich allen vorführte, die sich dafür interessierten. Ich kam mir ein bisschen vor wie bei einem Referat in der Schule, mit dem Unterschied, dass ich mir das, was ich erzählte, nicht angelesen hatte, sondern dass ich es selbst erfahren hatte.

Langsam sprach es sich herum, dass ich von meiner Amerikareise zurück sei. Vor einer Begegnung fürchtete ich mich. Schließlich kam der Anruf von der Modelagentur. Die Kollektion für die nächsten Modeschauen sei eingetroffen, das Team würde sich treffen und ich solle doch vorbeischauen. Als ich dort ankam, war die Anprobe bereits beendet und alle saßen gemütlich beisammen. Sie freuten sich, mich zu sehen, und stellten fest, dass ich mich verändert hatte. Vor allem meine langen blonden Haare fielen ihnen auf. Ob ich die Bademode noch anprobieren wolle, wurde ich gefragt. Verlegen suchte ich eine Ausrede. Irgendwann musste ich Farbe bekennen und dem Team sagen, dass ich mit den Modeschauen nicht weitermachen wolle. Als ich mich verabschiedete, fragte mich eine der Frauen betroffen, was mit mir passiert sei.

Die Nachricht, dass ich mich auf meiner Reise sehr verändert hätte, machte die Runde. Ich konnte damals nicht genau beschreiben, was geschehen war. Ich verabschiedete mich vom Großteil meiner Garderobe. Eine coole Raulederhose, die ich in Italien gekauft hatte, verschenkte ich. Manches gab ich an meine Geschwister weiter. Meine Plattensammlung vermachte ich meinem älteren Bruder. Aber auch in anderen Dingen grenzte ich mich vom früheren Leben ab. Ich weigerte mich, Auto zu fahren oder in einem Auto mitzufahren. Manche fanden, dass ich zu radikal war.

Ich arbeitete gerne im Garten. Ich hob einen Graben aus, der unsere Wiese von der Wiese der Nachbarin trennte und der fast zugewachsen war. Als kleines Kind war ich einmal in den Graben gefallen, was so ziemlich das Grauslichste war, was man sich als Kind vorstellen konnte. Nun stellte ich mich in den Graben und arbeitete mich Meter für Meter vorwärts. Die Rasenziegel, die in den Graben hingen, trennte ich ab und warf sie an den Rand des Feldes. Den Großteil der Arbeit verrichtete ich mit bloßen Händen. Es tat gut, schmutzig zu werden und die saftige Erde zu spüren.

Es ergaben sich Gespräche mit unterschiedlichsten Menschen. Ich traf einen Mitschüler, mit dem ich fast die gesamte Schulzeit verbracht hatte und der von klein auf bei den Zeugen Jehovas war. Auch weil er an bestimmten schulischen Veranstaltungen wie Schiwoche oder Wienwoche nicht teilgenommen hatte, war er für die meisten ein Sonderling. Nun spürte ich eine gewisse Vertrautheit zwischen uns, die vielleicht auch damit zu tun hatte, dass ich mir inzwischen auch wie ein Außenseiter vorkam. Mein Schulfreund gab mir Zeitschriften und Bücher seiner Religionsgemeinschaft zum Lesen und er lud mich ein, an ihrer Versammlung im Königreichssaal teilzunehmen.

Einem Freund meines Vaters erzählte ich von meiner Reise und davon, dass ich einfach leben möchte. Er meinte: „Wenn du so leben willst, dann musst du ins Kloster." Ins Kloster? Mein Vater brachte das Theologiestudium in Innsbruck ins Spiel. Die Uni hätte einen guten Ruf.

Angesichts fehlender Alternativen übersiedelte ich im Herbst nach Innsbruck. Weil es finanziell erschwinglich war, wohnte ich in einem Gebäudeteil des Priesterseminars, in dem Studenten unterschiedlichster Studienrichtungen untergebracht waren. Neben dem Theologiestudium schrieb ich mich an der Hauptuni für einen Lateinkurs ein. Die Geschwindigkeit, mit der die Professorin den Lehrstoff durchpeitschte, war mir zu schnell. Ich meldete mich im vollbesetzten Vorlesungssaal zu Wort und bat darum, langsamer vorzugehen. Darauf war die junge Professorin nicht gefasst und wusste zuerst nicht, wie sie auf meine Bitte reagieren sollte. Für die restliche Stunde verlangsamte sie ihr Vortragstempo. Als ich mich in einer der nächsten Vorlesungen noch einmal meldete, ließ sie sich nicht mehr irritieren und machte in ihrem Tempo weiter. Unter den anderen Studierenden waren offensichtlich viele, die nicht zum ersten Mal Latein lernten. Ihnen kam die rasche Vorgehensweise der Professorin entgegen. Es war aber nicht nur das Lateinstudium, mit dem ich meine Probleme hatte. Ich hatte mir das Theologiestudium anders vorgestellt. Ich hörte viele Vorlesungen, die mich nicht interessierten. Die Situation erinnerte mich an die Zeit in der Schule für Elektrotechnik. Damals war mir mein Berufswunsch abhandengekommen, diesmal fehlte er mir von Beginn an. Ich wollte nicht wieder denselben Fehler begehen und etwas durchziehen, das mich unglücklich macht. Ich bat um ein Gespräch mit dem Leiter des Priesterseminars. Auf meine Frage, ob ich den Mietvertrag vorzeitig beenden könne, reagierte er positiv und meinte, dass das kein Problem sei. Ich war erleichtert. Seine abschließende Frage, ob ich Priester werden und ins Priesterseminar eintreten wolle, überraschte mich. Offensichtlich hat er, als ich um einen Gesprächstermin gebeten hatte, vermutet, dass ich im Stillen darüber nachdachte, Priester zu werden. Nach sechs Wochen brach ich meine Zelte in Innsbruck wieder ab und übersiedelte mit dem Wenigen, das ich nach Innsbruck mitgenommen hatte, nach Vorarlberg.

In meiner Heimatgemeinde sprach es sich scheinbar schnell herum, dass ich mein Studium abgebrochen hatte. Ich wurde gefragt, ob ich die Grundsteuererklärung an alle Haushalte meiner Heimatgemeinde verteilen könnte. Ich nahm den Job an und war ab sofort Gemeindebediensteter. So lernte ich Viertel und Straßen meines Heimatortes genauer kennen, die ich bisher selten betreten hatte. Häuser, bei denen ich das Gartentor öffnen und bis zur Haustür gehen musste, um den Briefkasten zu erreichen, waren mir ein Gräuel, weil mir auf diesen paar Metern immer wieder Hunde begegneten, die den Garten als ihr Revier betrachteten und offenbar rochen, dass mein Besuch nichts Angenehmes bedeutete.

Nachdem ich alle Grundsteuererklärungen verteilt hatte, erhielt ich einen Anruf vom Leiter der Schubertiade, des Musikfestivals, das Mitte der 1970er Jahre in Hohenems gegründet worden war. Der Direktor des Festivals suchte einen Ersatz für seine Sekretärin, die sich zu einer längeren Auslandsreise entschieden hatte. Ich nahm auch diesen Job an und somit saß ich den ganzen Tag am Schreibtisch und musste bis zum eigentlichen Festival Telefonanrufe beantworten, Briefe schreiben und Kartenbestellungen bearbeiten. Die Tätigkeit hatte beiläufig zur Folge, dass ich mein Zehnfingersystem an der elektronischen Schreibmaschine verbesserte. Der Tenor Francisco Araiza, dem ich in Manhattan über den Weg gelaufen war, gestaltete auch einen Liederabend.

Während das Schubertfestival noch voll im Gange war, kündigte sich die nächste personelle Notlage in meiner Heimatgemeinde an. Der Bademeister unseres dreizehn Hektar Freibadgeländes hatte unmittelbar vor Saisonbeginn gekündigt. Der Geschäftsführer des Freizeitzentrums kannte mich, weil ich an den Wochenenden im Schwimmbad als Rettungsschwimmer aushalf. Er bat mich, einzuspringen. So tauschte ich kurz nach dem Ende des Festivals meinen Schreibtisch mit dem Gelände des größten Vorarlberger Freizeitzentrums. Meine Hauptaufgabe war die Beaufsichtigung des Badebetriebs. An besucherstarken Tagen war meine Präsenz an den Schwimmbecken und am Alten Rhein gefordert. Es war ungewohnt für mich, Baderegeln einzufordern. Mein Bademeisterkollege kritisierte mich, weil ich gegenüber den Jugendlichen, die an den Becken ihren Spaß hatten, viel zu tolerant sei. Ich musste Kinder mit Schwimmflügeln aus dem Becken für Schwimmer herausholen, was die Eltern nicht nachvollziehen konnten, oder ich musste Damen, die sich oben ohne sonnten, auf die Badeordnung hinweisen. An weniger hektischen Tagen blieb Zeit für Sport. Dann schwamm ich einige Längen im Sportbecken oder im Alten Rhein. Es kam vor, dass sich Menschen verletzten. Meistens waren es nur Abschürfungen. Einmal mussten wir ein Mädchen, das im Kinderbecken für einige Minuten unter Wasser gewesen war, wiederbeleben. Ich machte die Herzmassage. Nach kurzer Zeit begann das Herz des Mädchens wieder zu schlagen und sie wurde von der Rettung ins Spital gebracht. Sie überlebte. Im Spätsommer bescherte uns hin und wieder ein Sommergewitter einen früheren Dienstschluss. Das Gelände, auf dem zuerst noch Menschen Handtuch an Handtuch lagen, war nach zehn Minuten wie leergefegt. In der Nachsaison betonierten wir am Alten Rhein eine Begrenzungsmauer. Zwei Tage schaufelten wir Beton in die Schalungen, danach fiel ich wegen Bandscheibenproblemen aus. Erst nachdem mir der Arzt eine Spritze verabreichte, konnte ich mich wieder einigermaßen bewegen.

Ich war nun schon ein Jahr von meiner Reise zurück, hatte verschiedene Aushilfsjobs angenommen, aber glücklich war ich nicht. Ich hing in der Luft und wartete auf eine Inspiration. Ich wollte wieder aufbrechen, wusste aber nicht wohin.

In unserer Pfarre gab es seit kurzem einen Gebetskreis, zu dem ich eingeladen wurde. Ich gehörte zu den wenigen Jüngeren in der Runde. Gemeinsam mit anderen Gruppenmitgliedern nahm ich an einem Großtreffen der Bewegung teil. Der Hauptredner, ein evangelischer Pastor, hielt einen mitreißenden Vortrag. Am Ende rief er dazu auf, wer sich ganz Jesus anvertrauen möchte, der soll aufstehen. Ich ging in mich und fragte mich, ob ich gemeint sein könnte. Dann stellte ich fest, dass um mich herum alle aufgestanden waren. Ich erhob mich von meinem Sessel, weil es peinlich war, sitzen zu bleiben.

Der Pfarrer meiner Heimatgemeinde lud mich und zwei andere Jugendliche ein, im Rahmen eines Gottesdienstes an Stelle der Predigt ein Glaubenszeugnis zu geben. Die Rolle war ungewohnt für mich. Im Stillen hatte ich den Pfarrer für seine langweiligen Predigten schon oft kritisiert. Nun war ich in seiner Rolle und merkte, wie schwierig es war, etwas zu sagen, das Hand und Fuß hatte.

Bei Jugendgottesdiensten, die monatlich in unserer Nachbarpfarre in Götzis stattfanden, lernte ich einen für mich untypischen Seelsorger kennen. Peter Lenherr, ein gebürtiger Schweizer, überzeugte mich mit seiner humorvollen Art. Er verwendete in seinen Predigten und Rundbriefen gerne Weisheitsgeschichten, die mir Mut machten. Die Lektüre der Zeitschrift, die seine Ordensgemeinschaft herausgab und in der über Projekte in Übersee berichtet wurde, weckte in mir das seit meiner USA-Reise virulente Fernweh. Ich suchte das Gespräch mit ihm. An den Tag, an dem ich an seiner Haustür klingelte, kann ich mich noch gut erinnern. Ich stand vor der Tür, suchte das Namensschild, hob den Finger, um zu klingeln, und ließ ihn wieder sinken. Dann drehte ich noch eine Runde um den Block. Beim zweiten Anlauf klingelte ich. Ich hatte den Eindruck, dass Peter eine Ahnung hatte, was in mir vorging. Er nahm mir manche Ängste und half mir auf meiner spirituellen Suche. Ich traf ihn einige Male, er hörte vor allem zu. Sein Rat war mir wertvoll.

Als ich ihm gegen Ende der Badesaison erzählte, dass ich für zwei Monate bei einem Erdnussbauern in Assisi mitarbeiten wollte, schlug er mir etwas Passenderes vor: ein Projekt für obdachlose Menschen in Wien, für das Freiwillige gesucht wurden. Sein Vorschlag gefiel mir. Vielleicht lag es daran, dass mich auf meiner Reise durch die USA die Situation von Menschen, die auf der Straße lebten und die offensichtlich aus jedem sozialen Netz herausgefallen waren, sehr berührt hatte. Ich rief bei Jesuitenpater Georg Sporschill, dem Leiter des Sozialprojekts in Wien, an und fragte, ob ich für zwei Monate mitarbeiten könne. Er sagte, ich solle kommen. Ich wäre am liebsten am nächsten Tag aufgebrochen. Meine Mutter überredete mich, zu warten, bis mein Vater von einer Geschäftsreise zurückkäme. Nachdem ich meinem Vater von meinem Vorhaben erzählt hatte, packte ich meine Sachen und reiste ab. Ich wusste nicht genau, was mich in Wien erwarten würde, aber ich spürte, dass es das war, was ich suchte und brauchte.

Wo wirst du gebraucht?

Zwei Jahre bei den Obdachlosen Wiens

Sieh auf die Not der Welt. Wo kannst du anderen am besten helfen?

Mir meiner Träume bewusst zu werden, war ein entscheidender Schritt auf meinem Weg – auch wenn sie sich nicht immer erfüllten oder mit der Zeit verblassten. Auf meinen Reisen erfuhr ich, wie bereichernd es ist, Menschen zu begegnen, die unter ganz anderen Voraussetzungen leben als ich. Das führte mich indirekt in die Sozialarbeit, wo ich die Schicksale von Menschen kennenlernte, die am Rand unserer Gesellschaft leben. Für obdachlose Menschen zur Verfügung zu stehen, weckte in mir das Gefühl, meine Kompetenzen einsetzen zu können.

An einem Novembertag im Jahr 1985 übersiedelte ich nach Wien, wobei mir damals nicht klar war, ob ich länger als ein paar Wochen bleiben würde. Die zehnstündige Zugfahrt quer durch Österreich fand ich wahrscheinlich deshalb so angenehm, weil ich das Jahr davor ausschließlich im Vorarlberger Rheintal verbracht hatte. Bei der Einfahrt in den Westbahnhof fragte ich mich, ob mich der Heimleiter des Obdachlosenheimes, dem ich am Telefon meine Kleidung beschrieben hatte, erkennen wird. Am Ende des Bahnsteigs stand eine Gruppe von vier Männern, zwei ältere und zwei jüngere. Einer der jüngeren kam auf mich zu und schüttelte mir die Hand. Der Heimleiter stellte mir die anderen vor. Die älteren beiden Herren trugen dunkle Mäntel. Beide hießen Franz. Der eine war der Pförtner des Heimes, der andere war der persönliche Assistent des Leiters und zugleich für den Hasenstall zuständig, der sich – wie ich später bei der Hausführung feststellte – im Innenhof des Obdachlosenheimes befand. Der jüngere Mann, der sich eher im Hintergrund hielt, war einer der Freiwilligen, die dort mitarbeiteten. Wir gingen langsam zum Parkhaus, damit auch Franz, den sie „Hasenvater" nannten und der ein wenig hinkte, Schritt halten konnte. Der Heimleiter parkte den Kleinbus schließlich direkt vor der Eingangstür. Das Obdachlosenheim gab es erst seit Kurzem. Im Jänner 1985 waren die Temperaturen in Wien auf minus 20 Grad gesunken und auf den Straßen zahlreiche Menschen erfroren. Das Heim, das inzwischen achtzig Männern ein Dach über dem Kopf bot, wurde von den Bewohnern ganz einfach Van-der-Nüll-Gasse genannt, was dem Straßennamen entsprach, der an den Erbauer der Wiener Staatsoper erinnerte. Vom äußeren Glanz der Staatsoper war in unserem Viertel wenig zu spüren, aber was sich im Haus abspielte, war in mehrerer Hinsicht beachtlich. Vierzig Männer schliefen in den zwei großen Schlafsälen im Keller. Jeder Quadratmeter wurde genützt. Der kleine Adi lag in einer Nische, in der er mit seiner Körpergröße von einem Meter sechzig gerade einmal Platz hatte. Vierzig ehemals Obdachlose, darunter auch die beiden Franz, lebten in kleineren Zimmern im ersten Stock. Insgesamt wohnten zehn Freiwillige im Haus. Die Frauen hatten einen eigenen Bereich im Erdgeschoss. Wir Männer waren auf zwei Zimmer im ersten Stock verteilt. Ich zog in ein Zimmer, in dem schon zwei Praktikanten wohnten, die Priester werden wollten.

Die ersten Tage lernte ich den Tagesablauf kennen und wurde für unterschiedliche Hilfsdienste eingeteilt. Die meiste Zeit hielt ich mich im Keller auf. Ich war damit beschäftigt, Kleiderspenden einzusortieren. Während der Öffnungszeiten konnten sich Bewohner und Menschen, die auf der Straße lebten, in der

Kleiderkammer Wäsche, Gewand oder Schuhe aussuchen. Zwischendurch unterhielt ich mich mit Heinz, dem Verantwortlichen für die Waschküche, die gleich nebenan war. In der Waschküche war eine heimelige Atmosphäre und es duftete gut, was im Rest des Hauses nicht immer der Fall war. Heinz gehörte zu den Langzeitbewohnern und war deshalb in einem Vierbettzimmer im ersten Stock untergebracht. Bei der Arbeit trug er meistens nur ein Unterhemd. Seine Fingerrücken, seine Unter- und Oberarme waren tätowiert. Lange Koteletten, eine rauchige Stimme und filterlose Zigaretten waren weitere Merkmale, die ihn charakterisierten.

Wenn Heinz abends vom Wirtshaus zurückkehrte, kam es vor, dass er kaum noch gehen konnte. Er setzte sich an einen Tisch im Erdgeschoss und zündete sich eine Zigarette an. Auch wenn er fast vom Sessel fiel, war er nicht bereit, sich von mir auf sein Zimmer begleiten zu lassen, eher schlief er am Tisch ein. Es brauchte sehr viel Überredungskunst und Geduld, dass ich ihn irgendwann doch auf sein Zimmer begleiten durfte.

Im Kreis der im Haus lebenden Freiwilligen fühlte ich mich wohl. Die meisten von ihnen waren Theologiestudierende, die sich für ein Jahr im Sozialprojekt engagierten. Ihnen fiel auf, dass ich abends, wenn die meisten in geselliger Runde beisammensaßen, wortkarg war und mich relativ bald zurückzog, um noch bei den Männern vorbeizuschauen oder schlafen zu gehen.

Im November begannen die Vorbereitungen für vier Gottesdienste in der Jesuitenkirche in der Innenstadt, die unter dem Motto „Advent der Gerechtigkeit" standen und die die breitere Öffentlichkeit auf Menschen am Rand der Gesellschaft aufmerksam machen sollten. Ich gehörte zum Organisationsteam, hängte Plakate auf, verteilte Handzettel und koordinierte die Musikerinnen und Musiker, die die Gottesdienste gestalteten. Bei den Vorbereitungstreffen wurde ich als Bademeister und Dressman vorgestellt, der sich gerade rechtzeitig für das Projekt „Advent der Gerechtigkeit“ gemeldet hatte. Die Gottesdienste wurden gut angenommen. Die Jesuitenkirche war übervoll und es war eine Aufbruchstimmung spürbar.

Im Obdachlosenheim waren wir während der Vorweihnachtszeit damit beschäftigt, kleine Geschenke für die Bewohner vorzubereiten. Eine der Mitarbeiterinnen hatte die Idee, dass jeder der Männer von einem von uns einen persönlichen Brief bekommen sollte. Und so schrieb jeweils eine Freiwillige oder ein Freiwilliger drei oder vier Bewohnern einen Brief. Für die Männer war das ein besonderes Geschenk. Das hatten sie noch nie oder schon lange nicht mehr erlebt, dass jemand in Worte fasst, was an ihnen geschätzt wird. Am Heiligen Abend feierten wir in der dicht besetzten Kapelle im Obdachlosenheim einen Gottesdienst. Es kamen auch Gäste von auswärts. Ein 14-Jähriger, der mit seinen Eltern und Geschwistern da war, meinte anschließend, dass die Feier mit den Männern ihren sonst eher langweiligen Weihnachtsabend gerettet habe. Am Tag nach Weihnachten war im Haus ein tiefer Friede spürbar.

Ursprünglich wollte ich für zwei Monate in dem Projekt mitarbeiten. Zu Weihnachten entschied ich mich, länger zu bleiben. An Peter Lenherr – den Vorarlberger Ordensmann, der mich auf die Idee gebracht hatte, nach Wien zu gehen – schrieb ich, dass ich für die nächste Zeit bleiben wolle. Es hätten sich mir neue Türen aufgetan. Im Jänner besuchte ich meine Eltern, um mich zu verabschieden. Für die Rückreise nach Wien nahm ich den Nachtzug. Die Zugfahrt war besonders, weil ich ahnte, dass es ein dauerhafter Abschied von zuhause werden würde. Ich weinte. Im Schmerz war aber auch die Erleichterung verborgen, dass meine Suche nach einem neuen Lebensinhalt ein Ende hatte.

Ich gewöhnte mich an die regelmäßigen Gebete in unserer Hauskapelle. Sie gaben dem Tag eine Struktur und verschafften uns Verschnaufpausen, die von allen akzeptiert waren. Ich lernte neue Lieder kennen. Zum Tagesschluss sangen wir meistens das Salve Regina, ein lateinisches Marienlied, das ich mit der Zeit auswendig konnte. Ich stellte fest, dass ich die letzten Jahre so gut wie gar nicht gesungen hatte.

Mein Radius in Wien war nicht besonders groß. Die Gruppe von Studierenden, die nach den Adventgottesdiensten entstanden war und in der wir über verschiedene religiöse Themen diskutierten, war eine der wenigen Möglichkeiten, neue Bekanntschaften zu machen.

Im Frühjahr 1986 wechselte der Leiter des Obdachlosenheimes Van-der-Null-Gasse in das Jugendhaus der Caritas in der Blindengasse. Ich wurde gebeten, die Leitung des Männerheimes zu übernehmen, was für mich ein großer Vertrauenserweis war. Ich war damals 23 Jahre alt. Der Wechsel in der Leitung sorgte bei manchen Männern, die sich mit meinem Vorgänger besonders verbunden fühlten, für Verunsicherung. Die Folge waren mehrere Alkoholexzesse. Es gab Nächte, in denen ich durch wilde Schreiduelle aus dem Schlaf gerissen wurde. Ich stand Gestalten gegenüber, die unter dem Einfluss von Alkohol kaum wiederzuerkennen waren. Sie gingen wütend aufeinander los und ließen sich verbal nicht besänftigen. Es kam vor, dass ich, um der Lage Herr zu werden, Männer packte und sie aus dem Haus trug oder dass ich die Beherrschung verlor und versuchte, sie mit einer Ohrfeige zur Besinnung zu bringen. Am nächsten Morgen, wenn die Männer wieder ausgenüchtert waren, entschuldigte ich mich. Die

Entschuldigung machte sie eher verlegen, weil sie sich an den Vorabend nicht mehr erinnern konnten oder wollten. Ich versuchte auch andere Lösungsansätze. Einmal nahm ich eine biblische Szene zum Vorbild, in der Jesus durch die Worte „Schweig und verlass ihn!" einen Mann, der von einem Dämon besessen war, zum Schweigen bringt. Ich musste allerdings feststellen, dass diese Aussage nur bedingt half, Männer unter Alkoholeinfluss zum Schweigen zu bringen. Mit der Zeit beruhigte sich die Situation im Haus. Manche Folgen der Auseinandersetzungen waren nicht so schnell wieder gutzumachen. Ein Bewohner, den ich nachts vor die Tür setzte, tauchte nie wieder auf, was mir leidtat. Die Habseligkeiten in seinem Kleiderschrank ließ er einfach zurück. Jahre später, als ich bereits Jesuit war, begegneten wir uns in einer Hauseinfahrt im ersten Wiener Bezirk. Er gehörte zu einem Trupp von Straßenkehrern. Ich sprach ihn an, worüber er sich freute. Er hatte inzwischen eine eigene Wohnung.

Im Sommer 1986 besuchte mich mein jüngster Bruder im Obdachlosenheim. Er war inzwischen zwölf Jahre alt. Ich freute mich sehr über seinen Besuch und fand es mutig, dass er sich getraute, mit dem Zug allein von Vorarlberg nach Wien zu fahren. Im Gepäck hatte er seine Trompete. Den Mitreisenden in seinem Abteil hatte er eine Kostprobe seines Könnens gegeben. Als ich ihn am ersten Abend im Speisesaal mit Hans, einem der obdachlosen Männer, der nicht mehr ganz nüchtern war, allein ließ, verließ er weinend den Speisesaal. Ich fand ihn in seinem Zimmer und musste ihn beruhigen. In den nächsten Tagen zeigte ich ihm Wien und wir verbrachten einen Nachmittag im Wiener Prater. Ich weiß nicht, wer den Ausflug in den Vergnügungspark mehr genoss, er oder ich. Am Ende seines Besuches hatte er sich an die Männer gewöhnt und Hans und er waren Freunde geworden.

Einmal, als ich die Kapelle nach 22 Uhr verließ, bat mich Robert, ein junger Mann, der vor der Kapelle in einem der Notbetten schlief, um Hilfe. Er sagte mir, dass er Stimmen höre, die ihm Angst machen, und er bat mich, für ihn zu beten, was ich auch tat. In der folgenden Woche ging es ihm besser, was auch den Ärzten, die ihn in der Psychiatrie behandelten, auffiel. Nach einer Woche erlitt er einen Rückfall und er wurde wieder in die geschlossene Abteilung aufgenommen.

Die Psychiatrie war in Österreich seit den 1960er Jahren reformiert worden. Es wurden neue Therapiemethoden entwickelt. Eine Folge der Reform war, dass Patientinnen und Patienten, die früher ausschließlich stationär behandelt worden waren, in die ambulante Pflege entlassen wurden. Einige dieser Menschen hatten aber kein richtiges Zuhause oder waren nicht „wohnfähig". So war es auch bei Robert gewesen. Eine Zeit lang hatte er bei seiner Großmutter und dann auf der Straße gelebt. Schließlich kam er zu uns ins Obdachlosenheim. Psychische Erkrankungen sind nicht nur in Wien ein Aspekt des Phänomens Obdachlosigkeit.

Die meisten Bewohner unseres Hauses bezogen Sozialhilfe. Weil das bescheidene Einkommen nie bis zur nächsten Auszahlung reichte, liehen sich die Männer gegenseitig Geld. An den Tagen, an denen die Sozialhilfe ausbezahlt wurde, beglichen sie im Idealfall ihre Schulden, was in einem der Gasthäuser in der Umgebung gebührend gefeiert wurde. Mit der Zeit waren uns die Auszahlungstermine bekannt und wir stellten uns darauf ein, dass manche mit Gleichgewichtsproblemen und in unterschiedlichen Stimmungslagen, die von lustig bis aggressiv reichten, im Heim eintrudelten.

Wenn es im Winter stark schneite, suchte die Stadt Wien Schneeschaufeltrupps. Für einige Männer war das eine willkommene

Möglichkeit, sich ein Zubrot zu verdienen. Hans fragte mich, ob ich mit ihm zum Schneeschaufeln kommen würde. Ich ließ mich auf das Experiment ein und staunte über die Größe der Gruppe, die sich um 22 Uhr beim Magistrat versammelte. In der Gruppe erkannte ich noch andere Bewohner unseres Hauses. Zu Beginn erhielten wir eine kurze Einschulung und wir wurden mit Schneeschaufeln ausgestattet. Als sich der dunkel gekleidete Trupp, von dem sich nur die beiden Verantwortlichen mit ihren gelben Warnwesten abhoben, auf den Weg machte, schneite es stark. Im Schein der Straßenbeleuchtung zogen wir meist schweigend durch den zehnten Wiener Gemeindebezirk und räumten den Schnee von den Gehsteigen und Straßenbahnhaltestellen. Hans bog einmal kurz in ein Lokal ab, wo er sich ein Vierterl Wein genehmigte, um sein unkontrolliertes Zittern einzudämmen. Nachdem uns der Lohn bar auf die Hand ausgezahlt worden war, stapften Hans und ich im Morgengrauen müde nach Hause.

Freundschaften mit einzelnen Männern, die ihr halbes Leben auf der Straße verbracht hatten, führten dazu, dass ich mich mit der Zeit im bevölkerungsreichsten Bezirk der Hauptstadt einigermaßen heimisch fühlte. Wenn ich abends todmüde war, plauderte ich vor dem Schlafengehen gerne mit Frankie. Er wohnte in einem der größeren Schlafzimmer im ersten Stock. Trotz seiner harten Vergangenheit behielt er seine einfühlsame Art. Er verstand es, Menschen aufzumuntern und zu trösten. Er war einer von jenen, der mir Nachhilfeunterricht für Wiener Spezialausdrücke gab. Wenn jemand betrunken hinfiel, hieß das: „Die Straße hat sich aufgestellt“. Wenn jemand nicht mehr fähig war, vor dem Schlafengehen die Kleider auszuziehen, dann wurde das mit „Ich habe in der Panier geschlafen“ übersetzt. Frankie nahm hin und wieder an den Gebeten in der Kapelle teil. Seine frei formulierten Fürbitten berührten nicht nur mich. Sie kamen aus der Mitte seines Lebens. Die Arbeit im Obdachlosenheim war keine Einbahnstraße. Ich fühlte mich durch das Zusammenleben beschenkt.

Sigi war neu in unserem Haus. Er hatte eine starke Gehbehinderung. Alle belächelten ihn. Er prahlte gerne. Je mehr Alkohol er konsumiert hatte, umso mehr gab er an. Als die Hoffassade frisch gestrichen werden sollte, brachte er sich ins Spiel. Er sei Maler, er könne das Streichen der Fassade übernehmen. Dass er Maler war, stimmte offensichtlich. Trotzdem hatten wir Zweifel, ob das gut gehen würde. Nach einigem Hin und Her gab ich ihm Geld für das Gerüst. Als das Gerüst aufgebaut war, lud er mich ein, dessen Stabilität zu testen. Während ich mich vorsichtig vortastete, bewegte er sich trotz seiner Gehbehinderung wie ein Tänzer auf den Brettern. Danach besorgte er die Farben und motivierte andere Hausbewohner, die ebenfalls Berufserfahrung als Maler hatten. Sigi sprühte vor Elan. Als das Gerüst abgebaut war und die Fassade in Schönbrunner Gelb erstrahlte, versammelten sich alle Bewohner im Innenhof und staunten. Sigi hatte etwas zu Wege gebracht, was ihm anfangs niemand zugetraut hatte.

Die Methode, die im Obdachlosenheim umgesetzt wurde, war im Grunde einfach. Es gelang, ein soziales Thema so anzugehen und zu präsentieren, dass es anziehend wirkte. Es kamen Menschen, die am Rand der Gesellschaft lebten. Wir sprachen ihnen Mut zu, entdeckten und förderten ihre Fähigkeiten. Zugleich war die Obdachlosenunterkunft eine Anlaufstelle für motivierte Freiwillige, die weder für die Sozialarbeit noch für die Seelsorge eine fertige Ausbildung hatten. Wir waren für einzelne Bereiche im Haus verantwortlich und gestalteten die Gottesdienste. Angesichts der knappen Personalressourcen – es gab außer dem Heimleiter keine Angestellten – waren wir auf die Mithilfe der Bewohner angewiesen. Sie übernahmen Verantwortung für bestimmte Dienste. Auf diese Weise entstanden ein freundschaftliches Miteinander und eine positive Dynamik, die den Männern guttat. Die Männer fanden ein neues Zuhause und ein Beziehungsnetz, das ihnen half, zu ihrer Geschichte zu stehen und positiv in ihre Zukunft zu blicken. Durch die Notsituation der Männer wurden unsere persönlichen Probleme und Fragen relativiert, wie es eine Mitarbeiterin ausdrückte.

Abgesehen von den Stärken dieses Systems gab es aber auch einige Schwächen. Das Miteinander, in welchem die Defizite der einen durch die Stärken anderer ausgeglichen wurden, war kein Nullsummenspiel. Es fehlte an Supervision und sozialarbeiterischem Fachwissen. Dazu kam der starke Wechsel unter den Mitarbeitenden. Im Lauf des Sommers 1986 verabschiedete sich der Großteil der Freiwilligen, die für ein Jahr im Haus mitgelebt hatten. Das bedeutete, dass ich im Herbst mit einem neuen, unerfahrenen Team beginnen musste. Die Last war um einiges größer als mit dem eingespielten Team des Vorjahres. Die einzige, auf die ich mich stützen konnte, war eine Vorarlberger Freundin, die vor dem Sommer Teil unseres Teams geworden war. Es gab Abende, da waren nur wir beide mit 80 Männern im Haus.

Im Dezember kam es vor unserem Haus in der Van-der-Nüll-Gasse zu einer folgenschweren Auseinandersetzung. Ich wurde vor die Haustür gerufen. Einer der Männer, der schon lange im ersten Stock wohnte, lag leblos auf der Straße. Ich versuchte seinen Puls zu fühlen. Ich zog sein T-Shirt nach oben. In Brusthöhe war ein kleiner Einstich zu sehen. Ein Augenzeuge erzählte mir, dass der stark alkoholisierte Mann, den ich einige Minuten zuvor vors Haus verwiesen hatte, im Streit ein Messer gezückt und zugestochen habe. Der Stich ging direkt ins Herz. Der Vorfall belastete mich. Ich machte mir Vorwürfe, dass ich den Täter aus dem Haus befördert hatte. Bei der Gerichtsverhandlung musste ich als Zeuge aussagen. Der Täter bekam drei Jahre Freiheitsstrafe. Wir besuchten ihn regelmäßig im Gefängnis.

Im Frühjahr 1987 wurde ich gebeten, die Leitung des Caritas-Jugendhauses in der Blindengasse zu übernehmen. Der dortige Leiter sollte ins Obdachlosenheim zurückkehren. Ich tat mich schwer mit der Entscheidung. Schließlich willigte ich ein. Es wiederholte sich, was schon bei meinem Einstieg als Heimleiter in der Van-der-Nüll-Gasse geschehen war. Zwei Jugendliche, mit denen mein Vorgänger besonders verbunden war, rebellierten an meinem ersten Abend im Jugendhaus gegen den Wechsel in der Hausleitung. Die Situation eskalierte. Scheiben gingen in Brüche. Einer der Randalierer blutete am Bein. Mitarbeitende wurden bedroht. Schließlich rief jemand die Polizei. Die Sondereinsatztruppe Wega rückte aus und nahm die beiden Jugendlichen fest.

Die Leitungsaufgabe im Jugendhaus stellte mich vor größere Herausforderungen als im Obdachlosenheim. Mitarbeiterinnen und Mitarbeiter kritisierten die mangelhafte Kommunikation und die fehlende Unterstützung. Ich versuchte zu vermitteln und – so gut ich es als 24-Jähriger mit einer Matura in Elektrotechnik eben konnte – Angebote für die Mitarbeitenden zu etablieren. Gegen Ende meines Einsatzes gelang es mir, einen Reflexionsnachmittag zu organisieren, der in einer offenen und vertrauensvollen Atmosphäre stattfand.

Mit dem Umzug in das Jugendhaus wechselte ich vom zehnten in den achten Bezirk. Das Haus befand sich in unmittelbarer Nähe des Wiener Gürtels, direkt hinter dem Landesgericht II, einem großen Gefängnis, das ich bald auch von innen kennenlernte, weil ich Gefangene besuchte und Gottesdienste mitgestaltete. Mein Anknüpfungspunkt an das öffentliche Verkehrsnetz war die U-Bahnlinie 6. Auf dem Weg dorthin fand ich eines morgens Reinhard, einen Jugendlichen, der bei uns im Notquartier wohnte. Er hatte sich mit Medikamenten zugedröhnt und lag bewusstlos auf dem Bahnsteig. Gemeinsam mit unserem Zivildiener, der gerade auf dem Weg in die Arbeit war, trug ich Reinhard ins Jugendhaus. An einem Nachmittag bekam er Besuch von seiner Mutter. Ich dachte mir, dass ihm das vielleicht helfen könnte, in die richtige Spur zurückzufinden, wurde aber eines Besseren belehrt. Die Mutter beschimpfte ihn auf die wüsteste Art. Aus ihren Augen sprach Hass. Ich konnte nicht glauben, dass eine Mutter zu so etwas fähig ist. Wahrscheinlich hatten andere Jugendliche, die bei uns wohnten, ähnliche Erfahrungen gemacht. Der Jugendliche war gebrochen und wir fragten uns, wie er wieder auf die Beine kommen könnte. Bei aller Tragik gab es auch lustige Momente. Reinhard teilte sich sein Zimmer mit einem anderen Jugendlichen, der wegen seiner Medikamentenabhängigkeit immer wieder ins Spital eingeliefert wurde. Einmal erzählten die beiden, wie sie im Überwachungszimmer nebeneinander aufgewacht seien. Sie hätten sich gegenseitig angeschaut und sich gefragt, ob sie nun im Spital oder in ihrem Schlafzimmer in der Blindengasse seien.

Die Behörden waren froh, dass es das Jugendhaus gab, weil sie Jugendliche nach dem Absitzen einer Strafe oder nach einem Spitalsaufenthalt nicht auf die Straße entlassen konnten.

Kurz vor Ostern bekamen wir einen Anruf von einer besorgten Großmutter. Ihr Enkel Herbert lebe allein und völlig verwahrlost in einer Wohnung. Sie fragte, ob wir ihn aufnehmen könnten. Ich notierte mir die Adresse und machte mich am nächsten Tag auf den Weg. Als mir Herbert die Wohnungstür öffnete, erklärte ich ihm, wer ich sei, und ich fragte, ob wir uns unterhalten könnten. Das Chaos in seiner Wohnung war unbeschreiblich. Die Wände waren mit Texten vollgekritzelt. Der Fußboden war mit Abfall bedeckt, mittendrin lag eine schmutzige Matratze ohne Bettzeug. Herbert setzte sich auf die Matratze. Ich fand eine Sitzmöglichkeit und versuchte, das Durcheinander auszublenden und Herbert konzentriert zuzuhören. Er zeigte mir Blätter, auf denen er seine wirren Gedanken festgehalten hatte. Ich tat mich schwer, ihm zu folgen. Manchmal knüpfte ich bei einem Thema an und stellte eine Frage, aber es entstand kein Dialog. Er schien froh zu sein, dass jemand da war, der ihm zuhörte. Als ich mich verabschiedete, lud ich ihn ein, Ostern mit uns im Jugendhaus zu feiern. Herbert verließ am nächsten Tag seine Wohnung, bezog ein Zimmer bei uns und blieb auch nach den Osterfeiertagen.

Inmitten von neuen Anfragen und Notfällen begannen wir, mit jedem Jugendlichen kleine Schritte in die Selbständigkeit zu überlegen. Jeder Freiwillige begleitete zwei bis drei Jugendliche persönlich. Da und dort konnten wir Fortschritte feststellen. Dank des Netzwerks um die Sozialeinrichtungen gelang es uns, für den einen oder anderen eine Arbeit zu finden. Einer der Bewohner war ein ausgezeichneter Handwerker. Ein paar Jugendliche und er bildeten den Kern eines Vereins, der sich „Jugend Aktiv“ nannte. Zuerst renovierten sie Wohnungen. Dann entstand die Idee, ein eigenes Restaurant zu gründen, in dem „unsere“ Jugendlichen den Einstieg in die Arbeitswelt schaffen könnten. Die Jesuiten stellten uns in der Innenstadt ein Lokal zur Verfügung, das von „Jugend Aktiv“ renoviert und im Frühjahr 1988 unter dem Namen „Inigo“ eröffnet wurde. Dieses Lokal existiert bis heute.

Die Gottesdienste in den Jugend- und Obdachlosenheimen wurden von unterschiedlichen Jesuiten gefeiert. So kam ich mit der Zeit mit mehreren Patres in Kontakt. Durch die Lektüre von Jesuitenzeitschriften lernte ich den Orden ein wenig kennen. Im Jahr 1986 begann der Jesuitenorden in Mitteleuropa ein neues Freiwilligenprojekt, bei dem ich mitmachen wollte. Es nannte sich *Jesuit European Volunteers*, kurz JEV. Die Idee kam aus den USA. Es ging darum, ein Jahr in einem Sozialprojekt mitzuarbeiten und dabei von Jesuiten oder anderen Ordensleuten begleitet zu werden. Ich wurde gebeten, einen Artikel über das neue Freiwilligenprojekt zu verfassen.[3] Beim Startwochenende lernte ich zehn ähnlich gesinnte junge Menschen aus dem deutschsprachigen Raum kennen. Mein Alltag in Wien veränderte sich kaum, aber ich nahm an den wöchentlichen Treffen und an den Reflexionswochenenden der Gruppe teil. So lernte ich im Rahmen von JEV die Grundzüge der Spiritualität des Jesuitenordens kennen, die uns von verschiedenen Jesuiten nahegebracht wurden. Obwohl sie sehr unterschiedlich waren, hatte ich das Gefühl, dass sie alle etwas verband.

Um Weihnachten 1986 begann ich ernsthaft zu überlegen, ob ich Jesuit werden sollte. Damals machte ein Jesuit aus der Schweiz gerade ein Praktikum im Obdachlosenheim. Ich unterhielt mich mit ihm und fragte, was denn die nächsten Schritte wären, wenn ich in den Jesuitenorden eintreten wollte. Er meinte, dass es gut wäre, eine Schweigewoche zu machen, um mehr Klarheit zu bekommen, und dann solle ich mit dem Leiter der österreichischen Jesuiten sprechen.

---

3 Markus Inama, Wir müssen um unseren Weg kämpfen. Die ersten Monate als JEV, in: Entschluss 41. Jg., Nr. 5/1986, S. 28.

Als ich im Jänner 1987 für ein paar Tage auf Heimaturlaub in Vorarlberg war, traf ich mich mit einer Schulfreundin. Sie meinte, dass ich mich sehr verändert hätte. Auch äußerlich. Ich hatte inzwischen einen Bart. Auf meiner Rückfahrt nach Wien stellte ich fest, dass mich die Begegnung mit meiner Schulfreundin nicht mehr losließ. Ich war mir auf einmal nicht mehr so sicher, ob ich Jesuit werden wollte. In dieser Situation schrieb ich Peter Lenherr, der mich auf die Idee gebracht hatte, nach Wien zu gehen, einen Brief. Er antwortete mir: „Ich spüre deine Ungeduld Richtung Veränderung. Brich jetzt nichts übers Knie. Aber verteidige hartnäckig eine Stunde pro Tag für dich! Jeden Tag brauchst du Luft, etwas Distanz zum Betrieb und etwas mehr Nähe zu dir! Sei herzhaft verliebt, aber nicht blind. [...] Vor allem flieh jetzt nicht in eine sturmfreie Zweisamkeit, lauf nicht davon." Das Verliebtsein verunsicherte mich und ich überlegte, ob ich mich nicht früher als geplant aus der Obdachlosenarbeit verabschieden sollte, um in Ruhe über den Ordenseintritt nachzudenken. Auf dem Hintergrund meiner negativen Erfahrungen in einer reinen Burschenschule fragte ich mich, ob es gut sei, in einen Männerorden einzutreten. Ich überlegte, andere Modelle von Ordensgemeinschaften kennenzulernen. Aber dazu kam es durch meinen Wechsel ins Jugendhaus nicht.

Unter den Mitarbeiterinnen und Mitarbeitern im Jugendhaus waren auch ehemalige Ordensleute, die nach dem Austritt aus ihrer Gemeinschaft den Wiedereinstieg ins Berufsleben als Sozialarbeiter versuchten. Ich sah, wie herausfordernd das Leben nach einem Ordensaustritt sein kann. In der Blindengasse wurde ich Vorgesetzter eines Jesuiten, der sich in der Ausbildung befand und bei uns ein zweijähriges Praktikum absolvierte. Er hatte die Verantwortung für ein Stockwerk, in dem zehn haftentlassene Jugendliche wohnten. Es gelang ihm nicht, gewisse Grundregeln des Gemeinschaftslebens zu etablieren. Sein Einsatz wurde früher als geplant beendet. Er verließ unser Haus und kurze Zeit später auch den Jesuitenorden. Mir wurde vor Augen geführt: Ordensleben kann gelingen, es kann aber auch in einer Sackgasse enden.

Vor dem Sommer besuchte Franz Kardinal König das Caritas-Jugendhaus in der Blindengasse. Sein Besuch wurde sehr genau vorbereitet. Als Leiter musste ich eine kurze Rede halten und ich erwähnte dabei meinen Wunsch, Jesuit werden zu wollen. Kurze Zeit später war Peter Hans Kolvenbach, der Leiter des weltweiten Jesuitenordens, aus Rom auf Wienbesuch. Es gab ein gemeinsames Morgengebet und ein Gespräch in unserem Speisesaal. Ich wurde Pater Kolvenbach als Kandidat des Jesuitenordens vorgestellt, der noch die Aufnahmegespräche absolvieren müsse. Pater Kolvenbach meinte schmunzelnd, wenn ich die Zeit im Jugendhaus überstanden hätte, dann wären die Aufnahmegespräche wohl kein Problem. Auch für den obersten Jesuiten galt, dass zum Jesuitsein ein Schuss Humor dazugehört.

Wie schon am Beginn meines Einsatzes in der Blindengasse gab es auch gegen Ende einen Gewaltexzess. Ein Jugendlicher, dem gegenüber ich ein Hausverbot ausgesprochen hatte, bedrohte mich und hielt mir eine Glasscherbe an die Halsschlagader.

Zum Abschluss meiner Zeit in den Wiener Sozialeinrichtungen lud mich Pater Georg Sporschill für zwei Wochen in die Türkei ein. Ich war Gast der sogenannten Bibelschule und verbrachte einige Tage bei der Gruppe, die im Dominikanerkloster in Istanbul untergebracht war. Danach reisten wir jeweils zu viert oder fünft per Autostopp quer durch die Türkei. Wir verabredeten uns immer wieder an Orten, an denen der Apostel Paulus auf seinen Missionsreisen gepredigt hatte. Meistens schliefen wir im Freien. In Antakya, an der Grenze zu Syrien, musste ich mich von der Gruppe verabschieden. Vor meiner Rückreise ließ ich mir bei einem Friseur nicht nur die Haare schneiden, sondern auch meinen Bart abrasieren. Ich nahm einen Bus, der mich über Ankara nach Istanbul brachte. Auf einer kurvigen Straße, die durchs Gebirge führte, wurde der Verkehr angehalten. Nur wenige Meter vor uns war ein Auto von der Straße abgekommen und einen Abhang hinuntergestürzt. Ich kletterte zum Fahrzeug, das auf dem Dach zum Liegen gekommen war. Gemeinsam bargen wir den toten Lenker aus dem Wrack.

Die letzten beiden Wochen vor meinem Ordenseintritt verbrachte ich bei meinen Eltern. Während der Zeit starb unser Nachbar, der von allen „Däti" genannt worden ist. Seine Schwiegertochter hatte ihn nach dem Mittagessen am Boden liegend gefunden und uns zu Hilfe geholt. Ich legte ihn auf das Sofa. Gemeinsam beteten wir für ihn. Während wir so dastanden, fiel mein Blick auf das Foto, das über Däti hing. Ich hatte das Bild des Bauernhauses nur wenige Tage nach meiner Rückkehr von meiner Amerikareise aufgenommen. Es hatte stark geregnet und das alte Bauernhaus erscheint auf dem Foto wie hinter einem Regenvorhang. Nachdem der Gemeindearzt eingetroffen war, wies er mich darauf hin, dass Verstorbene normalerweise nicht angerührt werden dürfen, bis der Amtsarzt sie untersucht und ihren Tod festgestellt hat.

Ich sah Parallelen zwischen dem Tod unseres Nachbarn und meiner persönlichen Situation. Mein Ordenseintritt war im Blick auf meinen Freundeskreis eine einsame Entscheidung. Meine Arbeit in Wiens Sozialeinrichtungen wurde vom Großteil meiner Freundinnen und Freunde geschätzt. Manche hatten sogar Hochachtung vor meinem Einsatz. Dem Ordenseintritt konnte hingegen kaum jemand etwas Positives abgewinnen. Es gab nur wenige, die diesen Schritt nachvollziehen konnten. Für meinen jüngsten Bruder, der mich in Wien besucht hatte, war es so, als ob ich mein Leben wegwerfen würde.

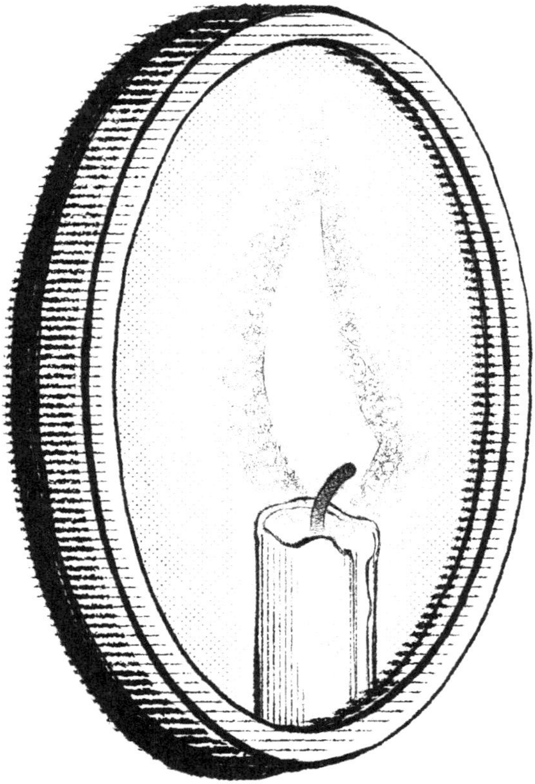

Sei ehrlich zu dir selbst!

Hineinwachsen in den Jesuitenorden

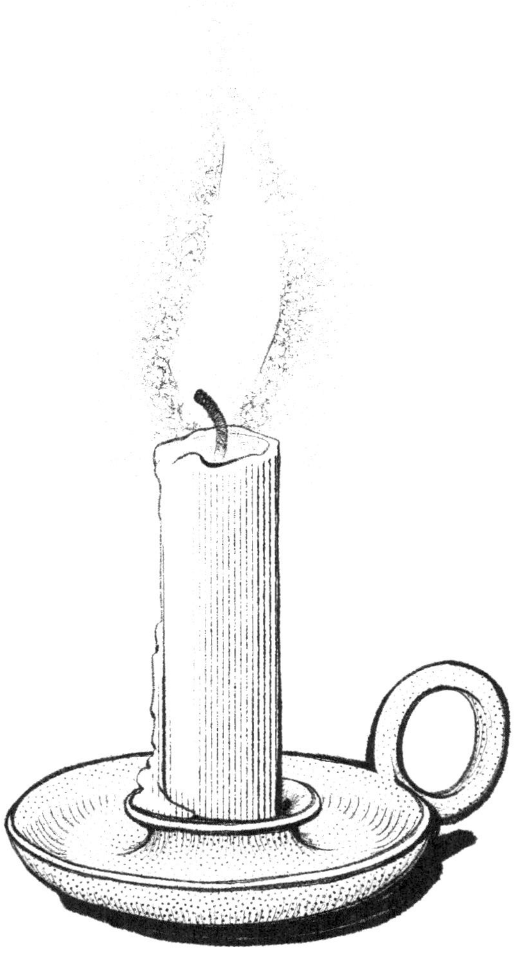

Es ist normal, verschiedene Gründe zu haben. Aber es ist hilfreich, darum zu wissen.

Ich war im Begriff, etwas von meiner Freiheit aufzugeben und mich für einen Lebensentwurf und eine konkrete Gemeinschaft zu entscheiden. Das war kein einfacher Prozess und ging manchmal über die Schmerzgrenze. Rückblickend bin ich glücklich, in den Jesuitenorden eingetreten zu sein. Der Zugang der Jesuiten zur Welt ist ein positiver oder – anders ausgedrückt – ein weltfreudiger.

Den Prozess der „Aufnahme in das Noviziat" – so werden die ersten beiden Probejahre im Orden genannt – hatte ich im Herbst 1987, wie Pater Kolvenbach vermutet hatte, erfolgreich überstanden. Auch mein Heimatpfarrer wurde um eine Stellungnahme zu meinem Ordenseintritt gebeten. Er meinte, ich sei ein Suchender. Das konnte vieles heißen, ich verstand es als Kompliment. Ich bekam auch einige Rückmeldungen zu meiner Person. Ich sei anpassungsfähig, ich würde Dinge anpacken und wenig fragen. Meine Aufnahmegespräche mit drei Jesuiten hatten vor dem Sommer stattgefunden. Manche Gespräche irritierten mich, weil ich den Eindruck hatte, dass meine Gesprächspartner meine Motive, in den Orden einzutreten, in Frage stellten. Für sozial schwache Menschen könne ich mich auch als Nicht-Jesuit einsetzen. Womit sie Recht hatten. Am überzeugendsten wurde meine Aussage aufgenommen, dass ich im Heim für obdachlose Männer meine eigene Heimatlosigkeit gespürt habe und dass ich nach einer spirituellen Heimat suche.

Im Frühjahr 1987 hatte ich als Vorbereitung auf meinen Eintritt meine erste Schweigewoche gemacht. Wir begannen die Woche, indem wir unsere Erwartungen und Befürchtungen unter Zuhilfenahme von Bildern, die wir uns aussuchen sollten, miteinander teilten. Ich wählte unter anderem das Bild eines Menschen im Rollstuhl aus und knüpfte an den Ausspruch eines Jugendlichen aus der „Blindengasse“ an, der, als ihm ein Mann im Rollstuhl begegnete, meinte, dass er sich umbringen würde, wenn er behindert wäre. Ich war so baff, dass ich nicht wusste, was ich dazu sagen sollte. Dass der Jugendliche mit seinen Vorstrafen und seiner Alkoholabhängigkeit meiner Meinung nach weniger Perspektiven hatte als der Mann im Rollstuhl, wollte ich ihm nicht auf die Nase binden. Ich nahm dieses Erlebnis mit in meine Exerzitien und stellte mir die Frage: „Bin ich fähig, meine Einschränkungen und Schattenseiten zu erkennen und auf eine gute Weise mit ihnen umzugehen?“ Und: „Werde ich mit den Einschränkungen, die das Ordensleben bedeutet, leben können?“ Auf die erste Frage erhielt ich während der Exerzitien eine Antwort. Es wurden mir Fehler bewusst, die ich lange erfolgreich verdrängt hatte, und ich hatte das tröstliche Gefühl, dass mir geholfen wird, gut mit diesen Fehlern umzugehen. Auf die zweite Frage erhielt ich keine abschließende Antwort. Diese würde mich in den nächsten Monaten und Jahren noch beschäftigen.

In der Woche vor dem Eintritt kaufte ich mir einen Anzug, weil er auf der Liste der mitzubringenden Dinge stand. Von dem Geld, das ich die letzten Jahre verdient hatte, war nicht mehr viel übrig. Ich hatte mich am Wort der Bibel orientiert, dass jene, die Jesus nachfolgen, auf alles verzichten müssen, und deshalb das Geld auf meinem Konto für Caritas-Projekte im Ausland und für die Renovierung unserer Pfarrkirche gespendet. Mit dem Gehalt, das ich im Jugendhaus verdient hatte, hatte ich Ausflüge mit den Jugendlichen finanziert.

Mit 24 Jahren trat ich schließlich in Innsbruck in den Jesuitenorden ein. Wir waren insgesamt sieben Novizen. Die Gemeinschaft des Noviziats wurde von zwei Jesuitenpatres geleitet, dem sogenannten Novizenmeister und seinem Assistenten. Mit der Zurückgezogenheit und Beschaulichkeit des Noviziats kam ich schwer zurecht. Die einzige größere Herausforderung war die Zubereitung des Abendessens, für die ich regelmäßig eingeteilt war. Sonst beschäftigten wir uns mit der Geschichte und der Spiritualität des Ordens und mit uns selbst. Ich bemerkte meine Stimmungsschwankungen, konnte aber nicht davonlaufen. In einer ersten Schweigewoche wurden wir eingeladen, ein persönliches Gebet zu formulieren. Als Inspiration diente uns der Psalm 23, ein Text, in dem es eigentlich um Vertrauen und Zuversicht geht. Ich spürte damals vor allem Wut und Aggression.

„… denn du bist bei mir …“
wo bist Du,
wenn ich allein bin,
wenn alles um mich still ist,
wenn nur mein innerer Unfrieden da ist,
wenn mir alles fremd erscheint,
wenn ich mit meiner Umgebung nichts anfangen kann,
wenn alles bei mir nur Aggressionen weckt,
bist Du dann bei mir?

Im Mai 1988 standen die großen Exerzitien, ein Schweigemonat, den die Jesuiten zweimal im Leben machen, auf dem Programm. Dieser Monat wird gerne als „Kern des Noviziats“ bezeichnet. Während der vier Wochen entscheidet sich oft, ob ein Anwärter für die Ordensgemeinschaft die Gelübde ablegt beziehungsweise zu den Gelübden zugelassen wird. Ich spürte einen gewissen Erwartungsdruck. Das Exerzitienhaus befand sich in einer idyllischen Gegend, wenn man einmal von der Autobahn absieht, die in einem Kilometer Entfernung am Haus vorbeiführte. Der Tagesablauf ließ genügend Freiraum für ausgedehnte Spaziergänge und für Sport. Vor allem während der dritten Woche, in der es um das Leiden Jesu ging und wir versuchen sollten, uns durch Fasten in die Situation Jesu hineinzuversetzen, tat ich mich schwer. Ich begann mich mit anderen Novizen zu vergleichen, die sich scheinbar besser darauf einlassen konnten. Meine negative Stimmung drückte sich in der Aggression gegenüber dem Novizenmeister aus. Es gelang mir nicht, die Dynamik zu durchschauen und das Problem mit ihm anzusprechen. Ich überstand die dritte und schließlich auch die vierte Woche.

Im Folgemonat waren wir mit der Auswertung des Schweigemonats beschäftigt. Ich hatte den Eindruck, dass ich keine guten Exerzitien gemacht hatte. Ich realisierte, wie hinderlich Druck und Konkurrenzdenken für einen geistlichen Prozess sind. Es kam etwas an die Oberfläche, was mir schon die Monate davor unangenehm aufgefallen war. Bei Tischgesprächen passierte es häufig, dass die tugendhaften Eigenschaften von lebenden oder schon verstorbenen Mitbrüdern dermaßen auf ein Podest gehoben wurden, dass sie bei mir einen Druck oder eine ablehnende Haltung erzeugten, weil ich spürte, dass ich nicht so war, oder weil ich die angesprochenen Ideale nicht für erstrebenswert hielt.

Jahre später verglich ein Jesuit die Atmosphäre in einem unserer Ordenshäuser mit einem rivalisierenden Männerclub. Ordensleben kann eine Schlagseite in diese Richtung bekommen.

Ich war froh über die Abwechslung, die die verschiedenen Praktika mit sich brachten. Nach Neujahr 1988 arbeitete ich zwei Monate als Hilfspfleger im Krankenhaus Lainz, einem Krankenhaus der Stadt Wien. Ich hatte schon öfter in den Ferien im Krankenhaus meiner Vorarlberger Heimatgemeinde gearbeitet, um Geld zu verdienen, und mir sogar überlegt, Krankenpfleger zu werden. Als ich mich damals 23-jährig bei der Personalchefin meines Heimatspitals – sie war Ordensschwester – beworben hatte, meinte sie, dass ich zu etwas anderem berufen sei. Was sie mir damit sagen wollte, verstand ich nicht. Jahre später besuchte ich sie auf der Pflegestation, wo sie nach mehreren Schlaganfällen lag. Sie war nicht mehr ansprechbar.

Die Atmosphäre im Krankenhaus Lainz war mit der Atmosphäre des Hundert-Betten-Krankenhauses meiner Heimatgemeinde nicht zu vergleichen. Die Station war chronisch überbelegt. Die Art, wie manche Schwestern die Patienten behandelten und über sie redeten, war schwer auszuhalten. Ich wunderte mich darüber, dass Patientinnen oder Patienten, die vor dem Wochenende in guter gesundheitlicher Verfassung waren, nach dem Wochenende nur noch röchelten. Die Schwestern meinten dann, da sei wieder einer, der über den Jordan gehen würde, ich soll mich ein bisschen zu ihm setzen. In einem Brief an meine Eltern schrieb ich: „Wie manche Schwestern mit Sterbenden umgehen, hat mich schockiert, sicher wird von ihnen viel verlangt und sie haben alle Hände voll zu tun, aber das rechtfertigt für mich nicht, dass sie einen Menschen schon abschreiben, bevor er gestorben ist, und vielleicht noch ein bisschen nachhelfen." Scheinbar habe ich gespürt, dass da etwas nicht mit rechten Dingen zugeht. Ein Jahr später war die Station Dora, auf der ich mein Praktikum absolviert hatte, weltweit in den Schlagzeilen. Vier Schwestern wurde vorgeworfen, über mehrere Jahre 42 Patienten durch Verabreichung von Medikamenten oder sogenannte Mundspülungen ermordet zu haben. Es war der größte Mordprozess seit dem Zweiten Weltkrieg. In manchen Tageszeitungen wurde die Haupttäterin als Monster und als Hexe bezeichnet. Ich kannte eine Gefangenenseelsorgerin, die im Frauengefängnis tätig war. Ihrer Bitte, die Krankenschwester im Gefängnis zu besuchen, kam ich gerne nach, sie freute sich sehr.

Während des Sommers nahm ich mit zwei anderen angehenden Jesuiten in Linz am sogenannten „Industrieexperiment" teil. Ziel des Praktikums war es, in die Arbeitswelt von Industriearbeiterinnen und -arbeitern einzutauchen, was unserer Gruppe, bestehend aus Studierenden unterschiedlicher Fachrichtungen und angehenden Ordensleuten, nur ansatzweise gelang. Wir arbeiteten in verschiedenen Großbetrieben, wie zum Beispiel der VÖEST, und setzten uns darüber hinaus mit Sozialethik und Rechten von Arbeitnehmerinnen und Arbeitnehmern auseinander. Ich fühlte mich in der Gruppe wohl. Wir unternahmen auch in der Freizeit einiges gemeinsam. Am Ende des Praktikums tat ich mich schwer, mich wieder auf das Noviziat einzustimmen. Ich entschied mich – ohne den Novizenmeister zu fragen –, mit dem Fahrrad ins Noviziat nach Innsbruck zurückzufahren. Am ersten Tag kam ich bis nach Salzburg. Ich klopfte beim Kapuzinerkloster an und bat um eine Übernachtungsmöglichkeit. Ein Kapuzinerbruder unterzog mich einer kritischen Prüfung. Er kam aus Vorarlberg und stellte mir Fragen, die ihm nur ein Insider beantworten konnte. Er kam zum Schluss, dass ich vertrauenswürdig sei, und mir wurde ein

Gästezimmer zugewiesen. Am nächsten Morgen verabschiedete ich mich und bedankte mich für die Unterbringung und das Frühstück. Um mit dem Fahrrad bis nach Innsbruck zu gelangen, reichte die Zeit nicht. Die letzte Teilstrecke fuhr ich mit dem Regionalzug. Im Noviziat wurde ich mit fragenden Blicken begrüßt. Wo ich gewesen sei? Der Novizenmeister erkundigte sich bei den Salzburger Kapuzinern, ob ich wirklich bei ihnen übernachtet hätte.

In meinem zweiten Noviziatsjahr bekam ich wieder Besuch von meinem jüngsten Bruder. Er war sogar an einem geistlichen Abend dabei, der mit einem Vortrag des Novizenmeisters begann. Der Novizenmeister bemühte sich, mit seinen Gedanken auch meinen kleinen Bruder anzusprechen. Beim Gottesdienst spielte mein Bruder auf der Trompete. Als er sich verabschiedete, hatte er ein anderes Bild vom Ordensleben. Er sah, wie wir lebten, und er lernte andere (angehende) Ordensleute kennen. Alles ziemlich normale Menschen.

Einer der neuen Mitnovizen war Lateinlehrer und ich begann mit ihm, Latein zu lernen, weil ich aller Voraussicht nach dem Abschluss des Noviziats mit dem Philosophie- und Theologiestudium beginnen würde. Dank seiner Hilfe schaffte ich im Sommer die Lateinprüfung. Einige Wochen später bestand ich die Ergänzungsprüfung „Einführung in die Philosophie", die ebenfalls eine Voraussetzung für das Studium war. Im September 1989 legte ich in Innsbruck meine Gelübde ab und begann in München mit dem Philosophiestudium. Ich war froh, die Enge des Noviziats hinter mir lassen zu können, und genoss die Atmosphäre an der Hochschule für Philosophie, an der zahlreiche Studierende, die der Jesuitenhochschule den Vorzug vor der staatlichen Universität gaben, anzutreffen waren.

Auf die Frage, was für ihn Heimat bedeutet, meinte ein Jesuit aus Bayern, dass er nicht in ein bestimmtes Ordenshaus oder eine bestimmte Ordensprovinz eingetreten sei, die Heimat eines Jesuiten sei die Welt.[4] Auf mich persönlich traf dieser Ausspruch während der ersten sechzehn Jahre meines Ordenslebens nicht zu, weil ich diese fast ausschließlich in Österreich und in Bayern verbrachte. Immerhin spürte ich im Studienhaus der Jesuiten in München etwas von der Internationalität unseres Ordens, weil ich mit Jesuiten aus aller Welt unter einem Dach wohnte.

Im Studium war ich keine besondere Leuchte. Am besten anknüpfen konnte ich in den Randgebieten wie psychologische Anthropologie oder Einführung in die Sozialwissenschaften. Bei einem Rhetorikkurs stellte ich fest, dass ich in der Redegewandtheit vielen anderen Studierenden unterlegen war. Beim Fußball- oder Volleyballspielen im Englischen Garten war das anders.

Gegenüber einem befreundeten Mitbruder, der ein Doktorat in Geschichte machte, kritisierte ich, dass der Großteil des Stoffes, den wir an der Hochschule hörten, wenig Bezug zum konkreten Leben habe. Daraufhin schrieb er mir einen Brief, in dem er zwei Sätze des Philosophen Platon zitierte: „Vor etwas müssen wir uns entschieden in Acht nehmen. […] Dass wir dem Worte nicht feind werden, gleich wie ein anderer zum Menschenfeind wird." Und: „Wir dürfen niemals in der Seele den Gedanken aufkommen lassen, in den Worten sei kein Halt."[5] Das war ein Wort,

---

4 Vgl. John J. O'Malley SJ, To travel to any part of the world: Jerónimo Nadal and the Jesuit vocation, in: Studies in the Spirituality of Jesuits, 16,2 (March 1984), S. 8.

5 Vgl. Ferdinand Ebner, Gesammelte Werke. Erster Band: Das Wort und die geistigen Realitäten, Herder, Wien 1952, S. 18.

mit dem ich etwas anfangen konnte. Ich bewahrte den Brief auf und legte ihn in dem Ordner ab, in dem ich bis heute Texte sammle, die Wesentliches auf den Punkt bringen und die mich inspirieren.

Das sozialpolitische Engagement war für mich ein wichtiger Ausgleich zur Welt, in der ich mich als Student bewegte. Alle vierzehn Tage verteilte ich an einem Abend Suppe, Brote und Tee an obdachlose Menschen. Ein frühpensionierter Münchner U-Bahn-Fahrer hatte diese Initiative ins Leben gerufen. Bei einer Veranstaltung in der Münchner Fußgängerzone, die von der Gruppe „Ordensleute für den Frieden" organisiert wurde, zu der ich ebenfalls gehörte, machten wir vor einer Filiale eines Autokonzerns auf Rüstungsexporte aus dem südbayrischen Raum aufmerksam, was uns einen Verweis des Erzbischofs von München einbrachte.

Nach zwei Jahren Philosophie in München wechselte ich 1991 wieder nach Innsbruck. Mein Chef Gerwin Komma, Provinzial der österreichischen Jesuiten, hatte mich gebeten, das Studium in Innsbruck fortzusetzen. Der Hauptgrund war, dass nach dem Fall des Eisernen Vorhangs zahlreiche junge Ordensleute aus ehemaligen Ostblockstaaten in Innsbruck Theologie studierten. Es war wichtig, dass einige österreichische Jesuiten halfen, die dafür notwendigen Strukturen zu schaffen. Ich wurde zum Sprecher der Jesuitenstudenten gewählt und lernte die Theologische Fakultät aus einer Insiderperspektive kennen. Neben dem Studium leitete ich im Jugendzentrum „Marianische Kongregation" (MK) am Jesuitenkolleg eine Jugendgruppe. Gemeinsam mit Studierenden initiierte ich im Jugendzentrum ein monatliches Abendessen für Menschen in schwierigen Situationen.

Mich auf meine Hauptaufgabe, das Theologiestudium, zu konzentrieren, gelang mir nicht immer. Bei der mündlichen Prüfung über das Sakrament der Taufe fiel ich durch. Ich hatte die Vorlesungen in dem Fach nur selten besucht und mich durch die Lektüre eines Buches auf die Prüfung vorbereitet, manche Kapitel aber offensichtlich nur überflogen. Das Durchfallen selbst war für mich okay, aber dass ich anschließend mit dem Professor, ebenfalls ein Jesuit, beim Mittagessen wieder am selben Tisch saß, war mir ziemlich peinlich.

Meine Diplomarbeit schrieb ich über eine caritative Einrichtung für Menschen mit Behinderung. Ausgehend von Erkenntnissen der Organisationsentwicklung stellte ich einen Zusammenhang zur Spiritualität von religiösen Hilfsorganisationen her. Die Auseinandersetzung mit dem Thema war für mich auch eine Chance, meine Zeit in den Wiener Sozialeinrichtungen zu reflektieren.

In den Jahren meines Studiums zog ich mich, wie es für einen Jesuiten üblich ist, einmal im Jahr für eine Woche in ein Exerzitienhaus zurück. Bei einem der Kurse meinte meine Begleiterin, die offensichtlich auch auf meine Körpersprache geachtet hatte, dass ich in meinem Leben viel hinunterschlucken musste. Ich fragte mich, was sie damit wohl meinen könnte. Gegen Ende des Kurses kamen mir während einer Meditation die Tränen. Ich sah mich als kleinen Buben, der auf jemanden zuzulaufen begann, der meinen Namen rief. Es war ein wohliges Gefühl. Mir war nicht klar, wie ich diese Erfahrung einordnen sollte.

Nach dem Abschluss meines Studiums und einem Praktikum in einer Pfarrgemeinde wurde ich 1995 zum Priester geweiht. Bezüglich der Auswahl meiner künftigen Tätigkeit machte ich dem Provinzial einige Vorschläge. Die letzten vier Jahre hatte ich in Tirol verbracht. Weil Jesuiten ihren Einsatzort immer wieder ändern, war eine Ortsveränderung sehr wahrscheinlich. Ich hörte mich um und schlug meinem Chef drei Varianten vor: Ich hatte in der Jugendarbeit in Innsbruck gute Erfahrungen gesammelt und konnte mir deshalb vorstellen, im Jugendzentrum der Wiener Jesuiten mitzuarbeiten. Ich konnte mir auch vorstellen, das jesuitische Freiwilligenprojekt JEV zu begleiten. Und dann gab es noch den weltweit tätigen Flüchtlingsdienst der Jesuiten (*Jesuit Refugee Service*, kurz JRS), für den angesichts der Flüchtlinge, die in den 1990er Jahren aus dem ehemaligen Jugoslawien nach Österreich kamen, dringend Helfer gesucht wurden.

Mein Provinzial entschied sich für alle drei Varianten. Mir wurde, je nach Blickwinkel, viel zugetraut oder viel aufgebürdet. Die Einarbeitung in die unterschiedlichen Bereiche kostete mich Energien und es wurde deutlich, dass es nicht leicht war, die verschiedenen Aufgaben unter einen Hut zu bringen. Die Arbeit beim Flüchtlingsdienst stellte sich als sehr umfangreich heraus. Im Herbst 1995 fand in der Wiener UNO-City eine Konferenz zum generellen Verbot von Landminen statt. Ich war für die Unterbringung und die Betreuung einer Gruppe von Landminenopfern zuständig, die für die Konferenz aus Vietnam angereist war. Abgesehen von meinem Engagement für die Gruppe aus Asien wurde mir ein kleiner Einblick in Spannungsfelder innerhalb des Ordens gewährt. Ein Mitbruder, der seine finanzielle Unterstützung zugesagt hatte, ließ mich schließlich hängen. Nach den ersten Monaten wurde klar, dass drei Aufgaben zu viel für mich waren, und der Leiter der österreichischen Jesuiten entband mich von meiner Aufgabe als Koordinator des Flüchtlingsdienstes.

In unserer Jesuitenkommunität fühlte ich mich in einer Sonderrolle, weil sich mein Lebensrhythmus als Jugendarbeiter vom Rest der Gemeinschaft abhob. Wenn sich die anderen Mitbrüder abends auf ihr Zimmer zurückzogen, begann meine Arbeit. Ferien waren für mich nicht gleichbedeutend mit Urlaub. Winter- und Sommerlager gehörten zu den arbeitsintensivsten Zeiten des Jahres. In der Gemeinschaft spürte ich im Großen und Ganzen Wertschätzung für meine Aufgabe. Es gab einen Mitbruder, der das Jugendzentrum viele Jahre geleitet hatte und der mit seiner negativen Meinung zur aktuellen Ausrichtung der Jugendarbeit nicht hinter dem Berg hielt. In diesem Spannungsfeld versuchte ich zu überleben und meiner Art und Sichtweise des Jesuitseins auf die Spur zu kommen.

Im Jahr vor meiner Weihe absolvierte ich mit den Priesteramtskandidaten, Theologinnen und Theologen, die nach dem Studium in einer Pfarre arbeiten würden, ein Praktikum. In meiner Gruppe befanden sich einige Frauen, mit denen ich mich sehr gut verstand. Sie waren theologisch sehr kompetent und hatten ein gutes Gespür für die Praxis. In den Wochen vor meiner Priesterweihe zog ich mir beim Joggen einen Bänderriss zu. Eine Studentin sah einen Bezug zwischen der Verletzung und der anstehenden Priesterweihe. Ihren Wunsch zu meiner Priesterweihe verknüpfte sie mit einem Zitat von Marie Luise Kaschnitz: „Halte nicht ein bei der Schmerzgrenze, halte nicht ein! Geh ein Wort weiter, einen Atemzug über dich hinaus!"[6] Ich verwendete den Spruch für das Dankeskärtchen, das ich im Juni 1995 anlässlich meiner Priesterweihe und meines ersten Gottesdienstes an die Mitfeiernden verteilte.

---

6 Marie Luise Kaschnitz, Zyklus, Bericht von Neumagen II, in: Ein Wort weiter. Gedichte, Claassen, Hamburg 1965, S. 45 = GW 5.

Auch wenn das Priestersein bei uns Jesuiten im Kontext unserer gesamten Aufgabe gesehen wird, musste ich mich in den ersten Jahren nach meiner Priesterweihe in dieser neuen Rolle zurechtfinden. Damit meine ich nicht nur das Erlernen eines gewissen Handwerkszeugs wie Gottesdienst feiern, predigen, taufen, Beichte hören, Begräbnisse leiten oder bei einer Hochzeit assistieren. Was schwerer wog, war die generelle Verunsicherung, was das Priester- und Kirchenbild betrifft.

Das Jahr 1995, in dem ich geweiht wurde, war das Jahr, in welchem in Österreich zum ersten Mal das Thema Missbrauch durch Priester thematisiert wurde. Die Zeitschrift „Profil" hatte im März 1995 Anschuldigungen gegen den Wiener Kardinal Hans Hermann Groer öffentlich gemacht. Reflexartig wurde von manchen Kirchenvertretern versucht, diese Berichte zu unterdrücken. Die Stimmung war aufgeheizt, Menschen waren skandalisiert und verunsichert. Manche meiner früheren Freundinnen und Freunde konnten auf diesem Hintergrund meinen Schritt, mich zum Priester weihen zu lassen, noch weniger nachvollziehen als meinen Ordenseintritt.

Es gab aber auch Kreise, die von der Diskussion völlig unberührt blieben. In Wien engagierte ich mich zweimal pro Woche in einer Pfarre in einem Neubauviertel. Als ein Jugendlicher, der disziplinär ziemlich schwierig war und ein vulgäres Gehabe an den Tag legte, erfuhr, dass ich katholischer Priester sei, fand er das sehr cool, weil Priester seiner Ansicht nach Alleinherrscher waren, die sich von niemandem etwas sagen lassen mussten.

Meine Vorstellungen vom Priestersein erhielten in den ersten Aufgaben einen Reality-Check. Ich stellte fest, dass Priester extrem hohe Erwartungen auslösten und ebenso große Befürchtungen. Es kam auch vor, dass sich bei ein und derselben Person sowohl das eine als auch das andere vermischte. Diese Diskrepanz bekam ich zu spüren und sie beschäftigte mich. Ich war im ersten Jahr in Wien oft krank und fühlte mich müde. Ein Mitbruder meinte ironisch, dass ich eine „Spiritualität der Müdigkeit“ pflegte.

Im Rahmen des Freiwilligenprojekts JEV begleitete ich vier junge Frauen, die aus Deutschland kamen und gerade das Abitur hinter sich hatten. So wie ich mich vor meinem Ordenseintritt in Häusern für obdachlose Männer engagiert hatte, arbeiteten sie in verschiedenen Sozialprojekten in Wien. Dass sie mein Angebot, mit ihnen Gottesdienst zu feiern, nur in den seltensten Fällen annahmen, kränkte mich. Ich akzeptierte, dass sie das Heft selbst in die Hand nahmen. Nachdem ich ein Einkehrwochenende für sie gestaltet hatte, meinten sie, dass sie einen Einkehrtag für die Gruppe der Jesuiten, die zu meiner Wohngemeinschaft gehörten, gestalten möchten. Meine Mitbrüder ließen sich darauf ein. Bei einem Vertrauensspiel wurden uns die Augen verbunden. Jeweils eine der Freiwilligen führte einen Jesuiten durch die Wohnung. Danach wechselten wir die Rollen. Meine Begleiterin war um einiges kleiner als ich und übersah eine Kante, unter der sie locker hindurchgehen konnte. Die Übung endete mit einem Cut über meinem rechten Auge. Für mich war das erste Jahr als Priester symptomatisch dafür, dass die Rolle des Priesters hinterfragt wurde und dass ich mir das Vertrauen der Menschen, die ich begleitete, erarbeiten musste. Auch wenn es manchmal schmerzlich war, war es ein heilsamer Prozess.

Die Arbeit mit den Jugendlichen im Jugendzentrum Alte Burse der Wiener Jesuiten gefiel mir. Ich realisierte, dass ich bereits zehn Jahre im Orden war. Das wurde mir zum Beispiel dann bewusst, wenn Jugendliche über eine Modemarke sprachen, die es zu der Zeit, als Kleidung für mich eine zentrale Rolle gespielt hatte, noch gar nicht gab.

Für die Arbeit mit Jugendlichen hatte ich keine spezielle Ausbildung. Ich hatte mir auch keine großen Gedanken gemacht, was ich mit meiner Arbeit bewirken wollte. Wahrscheinlich wollte ich ihnen ähnliche Erlebnisse ermöglichen, die ich in meiner Kindheit und Jugend machen durfte. Wiesen und Wälder oder regelfreie Räume, wie es ein Mitbruder nannte, gab es im ersten Wiener Gemeindebezirk keine. Trotzdem eröffneten sich da und dort Räume, in denen Jugendliche ihre Träume verwirklichen konnten. Dabei wollte ich sie unterstützen. Das war hin und wieder anstrengend und dann hatte ich wieder den Eindruck, dass ich selbst dabei profitierte. Hilfestellung und Tipps bekam ich von einer Pädagogikstudentin, die dann und wann bei Aktivitäten mit Jugendlichen mit dabei war. Einmal meinte sie, dass ich beim Spielen ein anderer Mensch sei. Mittels Jugendkulturzeitschriften und durch die Vernetzung mit anderen Jugendorganisationen beschäftigte ich mich mit jugendrelevanten Themen und lernte interessante Gesprächspartnerinnen und Gesprächspartner kennen. Einmal im Jahr trafen sich all jene Jesuiten, die in der Jugendarbeit tätig waren.

Für unsere Studentenzeitung interviewten wir Willi Kopf, einen Künstler, der an der Universität für angewandte Kunst für das Aktmalen verantwortlich war. Beim Aktmalen, das für alle Studierenden an der angewandten Kunst ein Pflichtfach ist, gehe es darum, den Menschen so zu sehen, wie er ist, befreit von Gegenständen, die durch den Menschen geschaffen wurden, meinte der Professor, und weiter: „Die menschliche Figur, auf die alles ausgerichtet ist, sieht man vielleicht erst wieder, wenn man sie im Akt betrachtet."[7] Durch die Aussage des Professors bekamen die vielen guten und weniger guten Darstellungen des fast nackten, leidenden oder auferstandenen Jesus einen neuen Stellenwert. Das, was an Jesus und seiner Botschaft bei aller zeitlichen Prägung wesentlich bleibt, wird gerade auch in seiner Nacktheit und Verwundbarkeit sichtbar.

Ich glaube, dass mich das Thema Nacktheit deshalb beschäftigte, weil ich mich in meiner Aufgabe als Priester manchmal nackt und ohnmächtig fühlte.[8]

Mitten in das bunte Leben im Wiener Jugendzentrum platzte die Nachricht vom Tod eines Jugendlichen. Sein Vater hatte ihn morgens tot in seinem Bett gefunden. Eine Grippe hatte sein Herz angegriffen. Der abrupte Abschied ohne jegliche Vorwarnung war ein Schock, den der Vater nicht so leicht verarbeiten konnte. Ich versuchte, ihn, so gut ich es vermochte, in seiner Trauer und beim Loslassen zu begleiten. Diese Begegnung zeigte mir, wie verletzlich das pulsierende Leben auch jener Burschen und Mädchen war, die sich in unserem Jugendzentrum trafen. Manche machten harte Zeiten durch. Das Jugendzentrum war ein Umfeld, wo sie mit ihren Sorgen ein offenes Ohr fanden.

Nach vier Jahren in Wien wurde ich Leiter des Innsbrucker Jugendzentrums MK. Die Tatsache, dass mein Posten in Wien we-

---

7 Vgl. Willi Kopf, „… es müsste eigentlich jeder zeichnen …", in: Alte Burse Heft Nr. 85, Mai 1998, S. 31.

8 Vgl. Francois Cassingena-Trévedy OSB, Und sie erkannten, dass sie nackt waren (Gen 3,7). Über die Sexualität in ihrem kirchlichen Kontext, in: Geist und Leben, Heft 2, April-Juni 2021, S. 151.

gen Personalmangel nicht mehr mit einem Jesuiten nachbesetzt werden konnte, machte meinen Abschied nicht leichter.

Mein erstes Projekt mit dem Innsbrucker Jugendzentrum fand bereits in den Sommerferien statt und eignete sich bestens zum gegenseitigen Kennenlernen. Gemeinsam mit zwanzig Jugendlichen brach ich zu einer zweiwöchigen Korsika-Fahrt auf. Ein Team von jungen Studierenden war für die Fahrt mitverantwortlich. Sie kannten die Route, die wir mit den Mountainbikes und einem Begleitfahrzeug bewältigten. Die Fahrt war schön und anstrengend zugleich. Anstrengend, weniger wegen der zehn Tagesetappen am Meer und über einige Pässe im Landesinneren, sondern in erster Linie, weil wir immer im Freien übernachteten und selbst kochten. Im Nachhinein erfuhr ich, dass mir die Studierenden manche Dinge unterjubelten, indem sie einfach behaupteten, dass sie das immer schon so gemacht hätten. Dazu gehörte auch der Sprung von einem 18 Meter hohen, leicht überhängenden Felsen im Hafen von Porto.

Bei den Jugendreisen waren meine Aufgaben, die Gruppe zusammenzuhalten, gewisse Regeln einzufordern und bei Problemen zu helfen. Wenn unsere Gruppe bei der Hin- oder Rückreise ein Zugabteil betrat, konnte ich am Gesichtsausdruck und manchmal auch an konkreten Äußerungen der Mitreisenden ablesen, welche Befürchtungen wir auslösten. All das nach einer Reise abzulegen und wieder nur für mich verantwortlich zu sein, war eine große Befreiung. Abgesehen von der Mühe, die so eine Reise mit sich brachte, hatte ich aber auch Spaß daran und es freute mich, dass ich den Jugendlichen all das ermöglichen konnte. Die Fahrten entsprachen ihren Vorlieben und der Rahmen hob sich von ihren gewohnten Familienreisen ab. Solche und ähnliche Ferienerlebnisse schweißten die Jugendlichen zusammen und bildeten die Grundlage für die Arbeit während des Jahres. Das Jugendzentrum am Jesuitenkolleg war der bevorzugte Ort, wo sie ihre Freizeit verbrachten, Freundschaften pflegten und das Erlebte auffrischen konnten.

Bring Kopf und Bauch zusammen!

Ausbildung in Australien

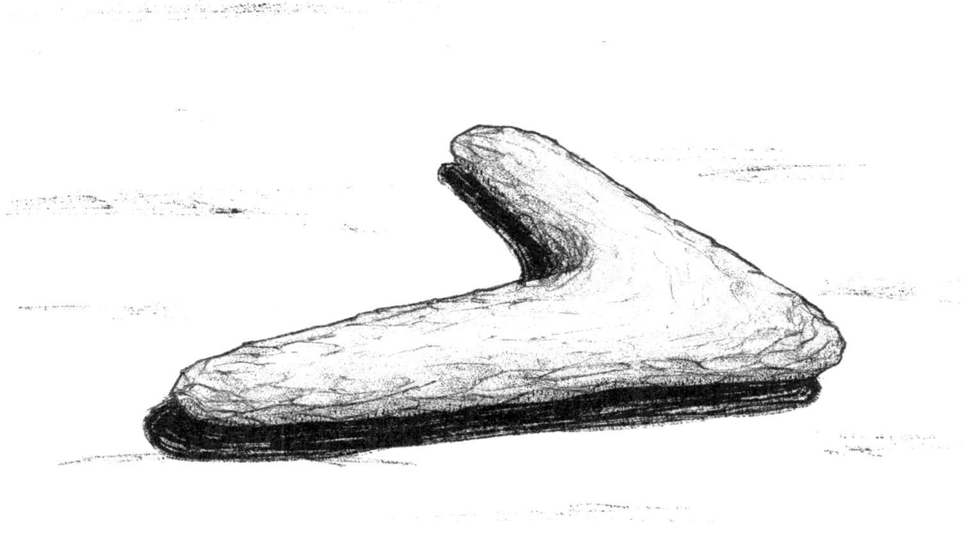

Bei welcher Alternative hast du ein gutes Gefühl, eine innere Ruhe, auch wenn sie herausfordernd sein mag?

Während meines neunmonatigen Aufenthalts auf der anderen Seite der Erde ging es hauptsächlich darum, meine Entscheidung für den Jesuitenorden zu reflektieren.
Ich weiß nicht, was dabei wichtiger war: War es das Land an sich, waren es unvergessliche Momente mit verschiedenen Menschen oder waren es die Einsichten, die mir im Rahmen meiner Ausbildung geschenkt wurden? Wahrscheinlich eine gute Mischung aus allem.

Nach sechzehn Ordensjahren stand mein letzter Ausbildungsabschnitt auf dem Programm. Ordensintern nennen wir die Ausbildung „Terziat“. Mein Provinzial überraschte mich mit einem interessanten Vorschlag, was den Ort der Ausbildung betraf. Im Jahr 1998 hatten die australischen Jesuiten ihr 150jähriges Bestehen gefeiert. Dabei wurde der österreichischen Jesuiten gedacht, die 1848 australischen Boden betreten und die Provinz gegründet hatten. Während der Feierlichkeiten, zu denen der österreichische Provinzial eingeladen war, wurde beschlossen, die historische Verbindung zwischen Australien und Österreich wieder aufleben zu lassen.

So verließ ich im November 2003 Innsbruck in Richtung Australien und wählte dabei die etwas längere Route über die USA, um dort einen einwöchigen Zwischenstopp einzulegen.

Die meiste Zeit verbrachte ich in San Francisco. Ich streifte durch die Stadt, in der ich vor zwanzig Jahren gelebt hatte.

Ich suchte das Café auf, in dem ich damals angestellt war. Es hieß inzwischen nicht mehr *City-Café*, sondern *Little Joe's Restaurant*. Die Kirche am Russian Hill, in die ich mich öfters zurückgezogen hatte, um die Stille zu genießen, war inzwischen in eine Privatschule integriert worden und öffentlich nicht mehr zugänglich. San Francisco hatte sich verändert. Zum Abschluss machte ich einen Ausflug auf die ehemalige Gefangeneninsel Alcatraz, die in der Bucht von San Francisco liegt. Den Besuch des dortigen Museums hätte ich mir als junger Mann nicht leisten können.

Es war Abend, als ich schließlich in Los Angeles in das Flugzeug stieg, das mich innerhalb von siebzehn Stunden über den Pazifischen Ozean nach Sydney bringen würde, um dort meinen letzten Ausbildungsabschnitt als Jesuit zu absolvieren. Wir flogen die ganze Nacht. Kurz vor Neuseeland wachte ich während des Morgengrauens auf. Ich schaute aus dem Fenster. Laut dem Bildschirm befanden wir uns in 11.000 Metern Höhe, die Außentemperatur betrug minus 65 Grad. Gleich würde die Sonne aufgehen. Irgendwo in dieser Gegend befand sich die Datumsgrenze. Wahrscheinlich war ich der letzte, der die Sonne am 3. Dezember 2003 aufgehen sah und ein paar Sekunden später der erste, der die Sonne am 4. Dezember erblickte.

In Sydney wurde ich von Pat O'Sullivan, dem Leiter unseres Kurses, empfangen. Er brachte mich zum Haus der Jesuiten im Norden der Stadt, in welchem ich den Großteil der nächsten neun Monate verbringen würde. Es herrschte Ferienstimmung, weil sich die Menschen gerade in die Weihnachtsferien verabschiedeten, was in der südlichen Hemisphäre mit den Sommerferien gleichzusetzen ist. Beim jährlichen Treffen aller australischen Jesuiten wurde ich als *The Early Tertian* (der „frühe Terziarier") willkommen geheißen. Das klang, als ob ich aus dem Zeitalter nach den Dinosauriern stammen würde. Da mein Kurs erst Ende Jänner begann, übersiedelte ich für einen Monat nach Südaustralien in die Pfarre, in der österreichische Jesuiten vor knapp 150 Jahren gewirkt hatten und die inzwischen mitten in einem Weinberg liegt. Der erste Wein, der dort angebaut worden war, diente als Messwein. Heute ist das 55 Hektar große Weingut, in dessen Zentrum die Jesuitenkirche steht, ein blühender Wirtschaftsbetrieb. Der Weinbauer, ein Jesuit, war ein ausgezeichneter Gastgeber, der mir während meines Aufenthalts sein Knowhow über gute Weine näherbrachte. Nicht selten kippte er eine Flasche in den Abfluss, während er seinen Lieblingsspruch zitierte: „Das Leben ist zu kurz, um schlechten Wein zu trinken."

Weihnachten bei hochsommerlichen Temperaturen zu feiern, war ungewohnt. Der Pfarrer stellte mich im Gemeindegottesdienst vor und so kannten mich nicht nur die Angestellten des Weinguts, sondern auch die meisten Gemeindemitglieder. Kurz vor Weihnachten half ich beim Aufstellen der Weihnachtskrippe und stellte fest, dass sie in einer Werkstatt im ersten Wiener Bezirk angefertigt und von Jesuiten vor vielleicht 100 Jahren nach Australien verschifft worden war. Gelegentlich besuchte ich die Gräber in der Unterkirche. Unter den Verstorbenen waren zahlreiche Jesuiten aus Österreich. Eine Großfamilie lud den Pfarrer und mich zu ihrer Weihnachtsfeier ein. Ich wurde gebeten, den Father Christmas zu mimen. Sie meinten, mein besonderer Akzent würde den Kindern Respekt einflößen. Ich glaube, sie suchten eher nach einer Lachnummer.

Zum Abschluss meiner Zeit in Südaustralien verbrachte ich eine Woche im *Flinders Ranges National Park*. Anknüpfend an meine Reise durch die USA, bei der ich gerne länger in den Nationalparks geblieben wäre, hatte ich mir die nötige Campingausstattung gekauft. Auf dem Campingplatz gab es außer mir nur zwei Gäste, eine Frau aus England und einen jungen Mann aus Tschechien. Abends kamen wir miteinander ins Gespräch. Ich plante eine zweitägige Wanderung durch einen Steinkrater, die in meinem Reiseführer beschrieben war. Meine beiden Zeltnachbarn wollten sich mir anschließen. Ich tat mich schwer, nein zu sagen. Vielleicht war es aber gut, nicht allein unterwegs zu sein. Ich ging zügig voran, um zu überprüfen, auf was ich mich da eingelassen hatte. Die beiden hielten gut mit. Am späteren Nachmittag stellten wir unser Gepäck beim geplanten Schlafplatz ab. Der Student aus Tschechien machte den Vorschlag, noch einen kurzen Abstecher zu einer kleinen Schlucht zu machen. Der Trip sollte sich aber als nicht lohnend herausstellen, weil die Schlucht ausgetrocknet war. Auf dem Rückweg zum Gepäck bog ich dann irgendwo falsch ab und die Engländerin und ich – der Student hatte sich Zeit zum Fotografieren genommen – befanden uns auf einem Wildweg, der im Nichts endete. Wir kehrten um. Mehrmals glaubte ich, den ursprünglichen Pfad wieder zu erkennen, der sich dann aber doch wieder als falsch herausstellte. Ich war völlig entnervt. Caroline, die Engländerin, wirkte weniger gestresst. Im Gegenteil, ich hatte den Eindruck, dass sie das Abenteuer ein wenig genoss. Wir machten eine Pause und teilten das Wasser, das wir dabeihatten. Die großen Wasserflaschen hatten wir im Rucksack zurückgelassen.

Als wir uns wieder auf den Weg machten, schauten wir weniger auf den Pfad und mehr auf die Umgebung. Wir hielten nach einer Senke Ausschau, in der sich das ausgetrocknete Flussbett befinden könnte, an dem der richtige Weg entlangführte. Nach gefühlten zwei Stunden fanden wir endlich zurück auf die Wanderroute und hörten von weitem die Rufe unseres tschechischen Freundes, der aufgeregt nach uns suchte.

Das einfache Abendessen bekam durch die Flasche Rotwein, ein ausgezeichneter Shiraz, den mir der Weinbauer mitgegeben hatte, eine festliche Note. Caroline interessierte sich, wieso ich Jesuit geworden sei. Ich erzählte ihr ein paar Stationen meines Weges. Am späteren Abend lachten wir über den ungeplanten Ausflug in den Busch. Fast hätten wir es in die Schlagzeilen geschafft. Es wäre nicht die erste und auch nicht die letzte Nachricht von Touristen gewesen, die sich im australischen Busch verirrt hatten.

Am letzten Abend im *Flinders Ranges National Park* zeigte uns Caroline das *Southern Cross* (Kreuz des Südens), ein Sternbild, das nur am Südhimmel zu sehen ist und das für die Seefahrer eine wichtige Orientierungshilfe gewesen sei. Die fünf Sterne, die das Kreuz des Südens bilden, sind unter anderem auf der australischen Flagge abgebildet. Caroline und der Student aus Tschechien überredeten mich schließlich auch noch, am nächsten Morgen einen Ausflug auf den *Mount Ohlssen Bagge* zu machen und dort den Sonnenaufgang zu erwarten, was ich nicht bereute.

Im Anschluss an den Ausflug in den Nationalpark kehrte ich nach Sydney zurück und verbrachte eine Woche in einem kleinen Ferienhaus am Meer, das den australischen Jesuiten gehört. Mit Caroline blieb ich via E-Mail im Kontakt. Ich checkte jeden Abend den Posteingang, um zu sehen, ob sie geschrieben hatte.

Von einigen Mitbrüdern, die ihren Urlaub im Ferienhaus verbrachten, erfuhr ich, dass unweit von unserem Haus ein Surfkurs für Anfänger angeboten wurde. Die Möglichkeit wollte ich mir nicht entgehen lassen. Der Kurs fand am nördlichen Ende des *Seven-Mile-Beach* statt. Nach dem Trockentraining und einigen

Fehlversuchen im Wasser schaffte ich es relativ rasch, auf dem Brett zu stehen und die Welle zu reiten. Obwohl sich die körperliche Anstrengung in Grenzen hielt, hatte ich abends in den Oberarmen und im Bauch einen Muskelkater.

Die Familie Hew, die mit den Jesuiten in Sydney befreundet ist, lud uns öfter zum Abendessen ein. Ich spielte mit den Kindern Fußball und ging mit ihnen schwimmen. Weil die Mutter sich körperlich nicht fit fühlte, vielleicht war es aber nur ein Vorwand, lud sie mich ein, an ihrer Stelle am *City2Surf* teilzunehmen. Das ist ein Fun-Lauf, der vom Zentrum Sydneys zum 13 Kilometer entfernten *Bondi Beach* führt. Für mich war es – abgesehen von Wettrennen während meiner Kindheit – das erste Lauferlebnis dieser Art. Jonathan, der älteste Sohn der Familie Hew, hatte schon öfter daran teilgenommen. Das riesige Starterfeld der Hobbyläuferinnen und Hobbyläufer setzte sich nur langsam in Bewegung. Jonathan zog weg und ich verlor ihn aus den Augen. Bei der ersten Möglichkeit musste ich eine der am Straßenrand bereitgestellten Dixi Toiletten benutzen. Danach tat ich mich etwas leichter, meinen Laufrhythmus zu finden. Ich hielt durch. Dass Jonathan um einiges schneller war als ich, verwunderte mich nicht. Immerhin, meine Laufzeit war besser als jene von Frau Hew im Vorjahr.

Unvorsichtigerweise erzählte ich der Familie, dass ich einen Surfkurs gemacht hatte. Der 15-jährige Jonathan ließ nicht locker, bis ich die Familie einmal zum *Manly Beach* begleitete. Als ich die dortigen Wellen erblickte, verstummte ich. Am Strand, an dem ich den Kurs gemacht hatte, waren die Wellen keine zwei Meter hoch, am *Manly Beach* waren sie vier Meter hoch. Es gab kein Zurück mehr. Das Surfbrett, das ich mir am Strand auslieh, war um einiges kleiner als das weiche Anfängerboard. Um zu Jonathan und den anderen Surfern zu gelangen, die hundert Meter draußen warteten, musste ich die Wellen überwinden, die unablässig hereinrollten. Ich legte mich aufs Surfbrett und paddelte los, wurde aber immer wieder in Richtung Strand zurückbefördert. Es fehlte mir nicht nur die Technik. Nach mehreren gescheiterten Versuchen verließ mich auch die Kraft. Ich kam mir vor wie ein Tourist aus dem Flachland, der sich auf eine rote Piste verirrt hatte und hilflos einen Steilhang hinunterrutschte. Nur saßen die Zuschauer nicht auf der vollbesetzten Terrasse des Bergrestaurants, sondern am Strand.

Zum Terziat gehörten auch noch zwei Praktika. Für eines reiste ich ins *Northern Territory*, genauer nach *Port Keats* und *Daly River*. Dort befinden sich zwei Communities von *Aboriginal People* (indigene Bevölkerung Australiens). Für *Port Keats* benötigte ich eine spezielle Einladung der Ältesten der Community. Die Anreise von Darwin erfolgte mit einer einmotorigen Propellermaschine. Die Siedlung, in der etwa 1500 Menschen lebten, war von oben gut überschaubar: einige größere Gebäude im Zentrum der Gemeinde, dann die Häuser der Familien, die rundherum angesiedelt waren, und die Landepiste. Der Pfarrer, den ich die nächsten drei Wochen begleiten würde, nahm mich in Empfang.

Besonders eindrücklich war das Wochenende, das ich mit der Familie von William, einem Aborigine, im Busch verbrachte. Der Pfarrer brachte mich mit seinem Land Rover zu dem Landstrich, wo William mit seiner Frau und seinen Kindern das Wochenende über wohnte. Gleich nach meiner Ankunft schickte mich das Familienoberhaupt mit seinen Kindern zum Krabbenfangen. Er riet mir, meine Turnschuhe auch im Mangrovenschlamm nicht auszuziehen, weil ich mich sonst leicht verletzen könnte. Seine Kinder waren hingegen barfuß unterwegs. Sie zeigten mir, wie man die

Krabben im Schlamm aufspürt und sie mit einem Stecken an die Oberfläche befördert, um sie dann so zu packen, dass sie einem mit ihren Scheren nichts anhaben können. Nachdem ich eine Zeit lang zugesehen hatte, versuchte ich es selbst und fing immerhin zwei Krabben. Abends wurde unser Fang in einem großen Topf über dem Feuer gekocht. Dazu gab es Brot, das Williams Frau in der Asche des Feuers gebacken hatte. An diesem Ort waren das Lebensgefühl und die Spiritualität der *Aboriginal People* ein wenig zu erahnen. Sie hatten eine spezielle Verbindung zu dem Flecken Erde, den viele Generationen ihrer Familie bewohnt hatten. Ihre Geschichte und ihre Vorfahren waren mit dieser Landschaft eng verwoben.

Das Lebensgefühl in der Gemeinde von *Port Keats* hatte damit wenig zu tun. William bezeichnete *Port Keats* als ein Reservat, in dem *Aboriginal People* „gehalten" werden, damit sie nicht in die Großstädte ziehen. Der Direktor der Schule, die Polizisten, der Leiter des Museums, die Krankenschwestern und der Pfarrer waren Weiße, die ihre Aufgaben wahrscheinlich mit den besten Absichten erfüllten. Trotzdem war die Kluft spürbar. Immer wieder entluden sich die Spannungen. Im Pfarrhaus war schon öfter eingebrochen worden. Ich hatte den Eindruck, dass ich zur Lösung des Konflikts wenig beitragen konnte oder als Kurzzeitbesucher sogar Teil des Problems war. Den einzig kreativen Beitrag leistete ich, als ich für einen Tag das Museum der Community reinigte. Das war Teil eines Deals, den der Pfarrer mit dem Leiter des Museums ausgehandelt hatte. In der darauffolgenden Woche sollte ich nämlich in der Community von *Daly River* den Pfarrer vertreten. Unser Plan, die 190 Kilometer auf der nicht asphaltierten Straße mit dem Land Rover des Pfarrers zurückzulegen, stand an der Kippe. Kurz vor der Abreise hatte sich nämlich herausgestellt, dass eines der Radlager seines Land Rovers defekt war. Die einzige Lösung, die sich anbot, war, dass sich der Pfarrer den Land Rover des Museumsdirektors auslieh. Für die Gefälligkeit übernahm ich die Grundreinigung des Museums. Aus den vielen Spinnweben, die ich entfernte, schloss ich, dass das Museum nicht sehr frequentiert war.

Auf der Fahrt nach *Daly River* kamen uns einige *Roadtrains*, das sind LKWs mit mehreren Anhängern, entgegen. Die Staubwolken, die sie aufwirbelten, zwangen uns, anzuhalten, die Fenster zu schließen und abzuwarten, bis wir wieder freie Sicht hatten. Auf der Strecke überquerten wir einige Furten, was während der Trockenzeit kein Problem war. Während der Regenzeit können Flussquerungen gefährlich oder unmöglich werden, erklärte mir der Pfarrer. Er zeigte auf den Schnorchel, der zur fixen Ausstattung jedes buschtauglichen Fahrzeugs gehört. Damit können Flüsse auch bei einem Wasserpegel, der bis zur Motorhaube reicht, ohne Probleme durchquert werden. In seiner Anfangszeit sei er von einem Chauffeur gebeten worden, einen Fluss, in dem es keinen Pegelmesser gab, zu durchwaten, um zu prüfen, wie hoch das Wasser sei. Nachdem sie den Fluss mit dem Auto durchquert hatten, habe ihm der Fahrer erzählt, dass sich während der Regenzeit gelegentlich die großen Salzwasserkrokodile in diese Gegend verirren.

In der Gemeinde von *Daly River* vertrat ich den dortigen Pfarrer und feierte jeden Morgen einen Gottesdienst mit Reisenden und mit der einheimischen Bevölkerung. Die Gruppe war überschaubar. Im Ort lebten *Aboriginal People* und Weiße nicht nur neben-, sondern auch miteinander. Auf alle Fälle waren die Gegensätze geringer als in Port Keats. In der Nähe des Pfarrhauses gab es ein Kulturzentrum, in dem *Aborigines*-Frauen Bilder und andere Kunstgegenstände verkauften. Dort erfuhr ich auch ein wenig über die Spiritualität der *Aboriginal People*. In ihrer Mystik gibt es eine Form des Gebets, das *Dadirri* genannt wird, was so viel bedeutet wie „die Quelle in unserem Inneren". *Dadirri* zu erfahren bedeutet, wieder ganz zu werden, auf sich und auf die eigenen Ressourcen zu achten, sich eins zu fühlen mit der Erde unter uns, mit dem Himmel über uns und mit den Menschen um uns.

Nicht vergessen werde ich den Tag, als mich eine Familie aus der Community der *Aborigines* bat, mit ihnen in den Busch zu fahren, um einen Familienangehörigen zu besuchen, der dort seinen Hausarrest absaß. In der australischen Gesetzgebung besteht nämlich die Möglichkeit, bei gewissen Delikten das Stammesrecht der *Aborigines* anzuwenden. Die Verhandlung findet dann in einem Sesselkreis statt. Neben Täter, Opfer, ein oder zwei Stammesälteren und dem Polizisten ist der Amtsrichter anwesend. Die Freiheitsstrafe wird als Hausarrest im Busch abgebüßt. Diese Form der Rechtsprechung und des Vollzugs zeigt bei den meist jungen Straftätern eine bessere Wirkung als die sonst übliche.

Der Ortspfarrer von *Daly River* hatte mir vor seiner Abreise die Schlüssel für seinen Land Rover übergeben und ich vermutete, dass es in seinem Sinne war, wenn ich diesen Gefangenenbesuch ermöglichte. Die *Aborigines* waren ortskundig und wiesen mir den Weg. In Sydney bin ich auf die Gefahr von Autounfällen mit Kängurus hingewiesen worden, was mich an Wildunfälle in Österreich erinnerte. Die Herangehensweise der Familie, die ich begleitete, war aber eine andere. Als vor uns auf der Straße ein Känguru auftauchte, forderten sie mich auf, das Känguru niederzufahren, das Auto hätte ja einen *Bullbar* (Rammschutz). Leider musste ich sie enttäuschen und das geplante Menü fiel aus. Einige Zeit später tauchte ein anderer Leckerbissen auf. Wir waren inzwischen im Busch und wegen der Unebenheiten im Schritttempo unterwegs. Da entdeckte mein Beifahrer in einem ausgetrockneten Flussbett einen zwei Meter langen Waran. Ich konnte gar nicht so schnell schauen, da war er mit einem langen Radmutterschlüssel aus dem Auto gesprungen und lief dem Waran hinterher. Trotz seiner Behäbigkeit verschwand der Waran schnell genug im Busch. Wieder nichts. Schließlich erreichten wir die Hütte, in welcher der Einsiedler sehnlichst den Besuch seiner Familie erwartete. Soweit ich es mitbekam, wurden ihm vor allem Nahrungsmittel übergeben. Für die Rückfahrt nach *Daly River* wählten wir eine andere Route.

Abends saß ich gerne am Ufer des *Daly River*. Ich konnte mir nicht vorstellen, dass der Fluss, der unter mir dahinfloss, während der Regenzeit um zwölf Meter anschwoll und die Säulen überschwemmte, auf denen das Pfarrhaus stand. Ein Ehepaar aus Südaustralien, das öfter zum Gottesdienst kam, lud mich ein, sie am Campingplatz in der Nähe der Flussquerung zu besuchen. Sie waren bereits in Pension und gehörten, wie sie selbst sagten, zu den „*Grey Nomads*“. Ihre Kinder hatten eigene Familien gegründet, ihr Haus hatten sie verkauft. Dafür hatten sie sich einen Camper und ein Motorboot zugelegt und tourten damit durch Australien. Sie fühlten sich auf ihre Weise mit dem Land verbunden. Der Mann nahm mich in seinem Boot mit zum Fischen. Wir fingen zwar nichts, aber einer der Zeltnachbarn teilte seinen Fang mit uns und so grillten wir am Abend einen Baramundi, eine Fischart, die nur in Australien vorkommt. Ich verstand ein wenig, was damit gemeint war, wenn die für Australien typische Lebensweise als relaxt, entspannt und lässig bezeichnet wird.

Bevor ich nach Sydney zurückflog, campierte ich eine Nacht im Naturjuwel *Katherine Gorge*. Ich war gesundheitlich ein wenig angeschlagen, wollte aber nicht auf die Paddeltour durch die wunderschöne Schlucht verzichten, die mir ein Mitbruder empfohlen hatte. Beim Bootsverleih erhielt ich Instruktionen zur Route und zu den ungefährlichen Süßwasserkrokodilen, die in diesem Teil des Flusses lebten. Auf meiner Nachmittagstour zum Ende der malerischen Schlucht überwand ich einige flache Kaskaden, über die ich das Kanu tragen musste. Nach meiner Rückkehr wollte ich in der Nähe des Campingplatzes ein Bad im Fluss nehmen. Mir fiel auf, dass viele Touristen am Ufer saßen, aber niemand im Wasser war. Während ich langsam ins Wasser ging, wurde ich aufmerksam beobachtet. Als ich eine Runde geschwommen war, gingen auch andere ins Wasser. Vielleicht war es ein Zufall, aber mir schien, dass die anderen Gäste der Information, dass sich im Fluss keine Salzwasserkrokodile aufhielten, erst geglaubt haben, nachdem jemand die Probe aufs Exempel gemacht hatte, und dieser Jemand war ich.

Zurück in Sydney empfand ich unser einfaches Jesuitenhaus als einen Luxus. Auch in unserem Garten und in der Umgebung konnte ich die Tierwelt genießen. Auf den Grünflächen tummelten sich weiße Kakadus. *Kookaburras*, die Vögel mit der lachenden Stimme, saßen gerne auf dem Geländer unserer Veranda. Dass sogar im gepflegten Rasen Gefahren lauerten, demonstrierte uns ein älterer Jesuit mit einem Fund, den er gemacht hatte. In einem kleinen Fläschchen präsentierte er uns eine lebende Trichternetzspinne, eine der giftigsten Spinnen der Welt. Beim Joggen an die Ausläufer der Bucht von Sydney begegnete ich einer Kragenechse, die sich, als ich sie aufschreckte, auf ihre Hinterbeine stellte und davonlief. Die Australierinnen und Australier sind stolz auf ihre einzigartigen Tiere und Pflanzen und die Behörden greifen zu drastischen Mitteln, wenn sich von Europa eingeschleppte Füchse, Kaninchen oder Kröten ungehindert ausbreiten und die eigenen Tier- und Pflanzenarten gefährden.

Beim täglichen Abwasch in unserer Küche stellte ich fest, dass es ein gravierendes Hygieneproblem gab. Immer wieder tauchten dort Ratten auf. Die ausgelegten Giftköder halfen nichts. Also nahm ich mich der Sache an. Schon als Jugendlicher hatte ich zuhause bei einer Mäuseplage erfolgreich Erfahrungen gesammelt. Ich legte mich abends auf die Lauer, um herauszufinden, woher die Ratten kamen, und ließ nicht locker, bis ich die Nager mit Fallen und anderen Mitteln zur Strecke gebracht hatte. Ob die Ratten eingeschleppt waren oder ob es sich um australische Buschratten handelte, überprüfte ich nicht. Allerdings genoss ich nach der erfolgreichen Rattenjagd unter meinen Kollegen einen zweifelhaften Ruf.

Nachdem ich Land und Leute schon einigermaßen kennengelernt hatte, begann Ende Jänner 2004 in Sydney der Terziatskurs, der eigentliche Grund, wieso ich nach Australien gereist war. Der Sinn des letzten Ausbildungsabschnitts liegt darin, dass wir nach einigen Jahren in der Praxis auf unser Leben zurückschauen und die Ideale in den Blick nehmen, mit denen wir den Weg als Jesuit begonnen haben.

Die elf Mitbrüder, die am Kurs teilnahmen, kamen aus Australien, Kanada, von den Philippinen, aus den USA, Deutschland und Österreich. Begleitet wurden wir von unserem Terziatsleiter Pat O'Sullivan und einem älteren Mitbruder. In der ersten Woche hatte jeder aus unserer Gruppe einen halben Tag Zeit, seine *Inside Story,* seine innere Reise, zu schildern. Nach dem Austausch unserer Lebensgeschichten setzten wir uns in verschiedenen Modulen mit dem Leitbild unseres Ordens auseinander. Danach beschäftigten wir uns mit den Themen *Man at Midlife* (Männer in der Lebensmitte) und Sexualität. Referenten waren ein verheirateter Mann, der selbst eine tiefe Midlife-Crisis durchgemacht hatte, und ein Jesuit mit einer psychotherapeutischen Ausbildung. Die entspannte und vertrauensvolle Atmosphäre ermöglichte einen offenen Austausch.

Nach einer kurzen Pause begannen die großen Exerzitien und wir verabschiedeten uns in ein vierwöchiges Schweigen. Dank Pats Hilfe konnte ich mich gut auf den Monat einlassen. Er meinte, das Wichtigste sei eine grundsätzliche Offenheit, sich mit dem auseinanderzusetzen, was in den vier Wochen auftauche, alles andere würde sich ergeben. Mir fiel das Credo von Home ein, den ich am *Highway 1* getroffen hatte: Alles, was wir zum Leben brauchen, bekommen wir geschenkt.

Nachdem wir zu Ostern die Exerzitien beendet hatten, bearbeitete ich mit Mitbrüdern und einer Psychotherapeutin Fragen, die vor und während der Exerzitien aufgetaucht waren. Bei einer Meditation, für die ich mich auf mein Zimmer zurückgezogen hatte, tauchten aus dem Nichts Erlebnisse aus meiner Kindheit auf. Ich spürte Angst, Ohnmacht und Wut. Mir war übel, als ob ich etwas Schlechtes gegessen hätte. Ich dürfte die Szenen als Kind rasch vergessen haben. Mir schien es seltsam, dass mir diese Ereignisse nach 40 Jahren – am von Mitteleuropa aus gesehen entferntesten Flecken der Erde – bewusst wurden, als ob die Erinnerungen so tief vergraben gewesen wären, dass sie am anderen Ende der Welt zum Vorschein kamen.

Ein Mitbruder meinte, dass es wichtig sei, mich mit den Erinnerungen und den damit verbundenen Gefühlen auseinanderzusetzen, was gar nicht so einfach war. Das Auf und Ab, das ich dabei erlebte, hielt ich schriftlich fest. Ein wichtiger Teil der Aufarbeitung geschah in meinen Träumen.

Während der letzten Wochen in Sydney brach ich noch einmal zu einer Wanderung auf. Ich brauchte diese Pausen. In der Natur ordnete sich vieles, was mich aufwühlte, und ich lernte mit der Angst umzugehen, die ich spürte, wenn ich auf mich allein gestellt war. Die Zweitagestour in die *Blue Mountains* hatte ich in meinem australischen Reiseführer gefunden. *Blue* heißen die Berge, weil der Dunst der Eukalyptusbäume die Berge blau erscheinen lässt. Die Nacht verbrachte ich an einem menschenleeren Platz, der in meinem Führer als *Camp Ground* verzeichnet war. Ich konnte länger nicht einschlafen und hörte, wie irgendwelche Lebewesen um mein Zelt herumschlichen. Nach einem bescheidenen Frühstück packte ich meine Sachen zusammen und begab mich auf die zweite, längere Etappe meines Ausflugs. Ziemlich erschöpft erreichte ich am Nachmittag den Ort, an dem die Wanderroute endete. Nach den zwei Tagen im Busch war ich froh, wieder unter Menschen zu sein.

Der Shuttlebus, der mich zurück zur Vorortelinie von Sydney bringen sollte, war schon voll. Ich sprach mit dem Fahrer, ob er mich nicht trotzdem mitnehmen könnte. Er drückte ein Auge zu und ließ mich einsteigen. Ich stand in der Nähe des Chauffeurs und er begann ein Gespräch mit mir. Als ich ihm sagte, woher ich komme, erzählte er, dass er in den ersten Jahren nach seiner Flucht aus Tschechien in Österreich gelebt habe. Wien sei eine schöne Stadt. Er schilderte mir seine weiteren Aufenthaltsorte in Europa und wieso er sich entschied, nach Australien auszuwandern. Als ich bezahlen wollte, verlangte er kein Geld von mir.

Bei solchen Begegnungen wurde mir bewusst, dass in Australien sehr viele Menschen leben, deren Wurzeln in Europa liegen.

Ich erinnere mich an die älteren Frauen einer Landpfarre, wo ich ebenfalls ein Praktikum absolviert hatte. Sie stammten aus Süditalien, kamen ausschließlich zu den italienischsprachigen Gottesdiensten und sprachen so gut wie kein Englisch. Eine Lehrerin, die am Meditationskurs teilgenommen hatte, den ich leitete, drängte mich, sie zuhause zu besuchen. Ihre Mutter war schon sehr alt. Sie stammte aus dem ehemaligen Jugoslawien und hatte während ihrer Kindheit Deutsch gelernt, welches sie mit mir praktizieren wollte.

Die Vorfahren unseres Terziatsleiters Pat kamen aus Irland, was er mit einer Anekdote über seinen Großvater erläuterte. Dieser sei während der Zeit, als Australien eine Gefangenenkolonie Großbritanniens war, als Häftling nach *Down Under* gekommen. Solange Pat klein war, wurde ihm erzählt, dass sein Großvater das Pferd eines englischen Offiziers getötet habe. Als er größer wurde, wurde ihm schließlich erklärt, er habe nicht das Pferd, sondern den Offizier ermordet.

Bei einem unserer letzten Workshops ging es um soziale Themen. Der Leiter des Jesuitischen Flüchtlingsdienstes berichtete uns über die Flüchtlingspolitik der australischen Regierung und über die Stimmung im Land. Er zitierte eine Redewendung, mit der er Schülerinnen und Schüler zu überzeugen versuchte, den Flüchtlingen eine faire Chance zu geben: *Where you sit is where you stand.* Unser Standpunkt und unsere Meinung sind oft sehr eng mit dem Umfeld verknüpft, in welchem wir „sitzen", also leben. Deshalb ist es gut, hin und wieder den Standort und den Blickwinkel zu verändern, um ganz andere Perspektiven kennenzulernen. So wie in den USA veränderte sich mein Blickwinkel auch in Australien durch die Einsichten, die mir geschenkt wurden, und die unterschiedlichen Menschen, denen ich begegnete.

In den letzten Wochen unseres Kurses erreichte mich der Anruf eines Freundes aus Innsbruck. Er war in einer Notlage. Seine Schwester, zu der er nicht viel Kontakt hatte, lebte schon einige Jahre in Sydney. Er sei von der Polizei verständigt worden, dass sie gestorben sei. Leider könne er nicht nach Australien reisen. Er bat mich, für ihn die Formalitäten zu erledigen und ihre Wohnung aufzulösen. Ich überlegte nicht lange. Ich sah es als meine Pflicht, in dieser schwierigen Situation zu helfen. Er schickte mir eine Vollmacht, die ich für verschiedene Ämterwege benötigte. Weil die Umstände ihres Todes unklar waren, musste ich auch zur Polizei. Die Auflösung der Wohnung der Verstorbenen stellte mich vor eine logistische Herausforderung. Viel Zeit hatte ich nicht. Beim Aussortieren und Ausräumen der Wohnung entstand bei mir ein gewisses Bild der Verstorbenen. Ich wusste aber nicht, ob dieses Bild irgendetwas mit der Realität zu tun hatte. Einer der letzten Gegenstände, den ich in ihrer Wohnung fand, war ein Bildband über das Innsbrucker Jugendzentrum, in das ich bald zurückkehren würde. Inga, die Verstorbene, muss in den 1970er Jahren dort zu Gast gewesen sein, was bei der damaligen Größe des Zentrums nicht weiter verwunderlich war. Die Erlebnisse, die Inga mit dem Jugendhaus verband, waren ihr wertvoll, sonst hätte sie das Buch wahrscheinlich nicht aufbewahrt. So gesehen war das Begräbnis von Inga für mich auch ein Blick in die Zukunft. Bald würde ich wieder in Innsbruck sein und junge Menschen auf ihrem Weg begleiten. Wohin ihre Lebenswege führen würden, war nicht vorhersehbar. Ebenso, ob ich ihnen – oder sie mir – irgendwo und irgendwann auf dieser Welt wieder begegnen würden.

Ich feierte Ingas Begräbnisgottesdienst in der Kapelle unseres Jesuitenhauses. Neben den Jesuiten aus meinem Kurs nahm eine Handvoll Menschen, die Inga gekannt hatten, an der Feier teil. Nach dem Gottesdienst ging ich mit Ingas Urne in den Jesuitengarten, wo die Gartenmöbel ihres kleinen Balkons einen Platz gefunden hatten. Ingas Asche setzte ich im Wald hinter unserem Garten bei. Ich erinnerte mich an die Wochen vor meinem Ordenseintritt, als ich unseren verstorbenen Nachbarn auf dem Boden liegend fand und wir gemeinsam für ihn beteten. Die Begegnung mit Inga am Ende meines Terziats markierte eine ähnliche Zäsur.

Traue dich, zu entscheiden, lerne aus den Erfahrungen und vertraue!

Wiedereinstieg in die Sozialarbeit

Bleibe eine Zeit lang bei einer Sache! Gib nicht zu schnell auf. Manches braucht mehrere Versuche. Vertraue, dass dein Weg gelingt.

Nach meiner Rückkehr aus Australien tat ich mich mit dem Einstieg in den Alltag nicht leicht. Der Besuch eines Projekts für Straßenkinder in Osteuropa markierte einen Wendepunkt. Das soziale Engagement wurde wieder zu einem zentralen Element meines Jesuitseins.

Durch die Wohnungsräumung und das Begräbnis blieb mir wenig Zeit, mich von anderen Menschen zu verabschieden. Ende August 2004 kehrte ich mit einigen wertvollen Gegenständen aus Ingas Wohnung, die ich ihrem Bruder brachte, nach Innsbruck zurück.

Anders als bei der Hinreise, trat ich mit dem zweiten österreichischen Jesuiten, der ebenfalls am Terziat in Sydney teilgenommen hatte, die Rückreise gemeinsam an. Unser Ticket war für die lange Strecke ausgestellt. Wir mussten in Los Angeles umsteigen, was nach 9/11 sehr zeitaufwändig und nervenaufreibend war. Als wir endlich in München ankamen, waren wir froh, dass uns zwei Mitbrüder aus Innsbruck mit dem Auto am Flughafen abholten. Es war ein komischer Zufall, dass am Tag unserer Ankunft im österreichischen Fernsehen eine gebürtige Australierin Furore machte. Kate Allen, die vor einigen Jahren einen Tiroler geheiratet hatte, war bei den Olympischen Spielen in Athen für Österreich am Start und gewann im Triathlon die Goldmedaille.

Ich hätte mir in Innsbruck einen sanfteren Einstieg gewünscht, aber im Jugendzentrum MK erwartete mich bereits eine Gruppe Studierender. Gemeinsam bereiteten wir eine Jugendfahrt vor, die noch vor dem Ende der Sommerferien stattfinden sollte. Mich beschäftigten Fragen, die während meines Terziats aufgetaucht waren, und ich vermisste den ruhigeren Rhythmus unserer Ausbildung und die stressfreiere australische Mentalität. Die ersten Wochen zurück in der Arbeit fühlten sich wie der Start eines Langstreckenlaufs an. Angeblich seien drei Punkte für das Durchhalten bei einem Marathon wichtig. Anfangs Schritt für Schritt, dann sich von anderen führen lassen; und schließlich, das Ziel vor Augen behalten.

Caroline aus England besuchte mich für einige Tage in Innsbruck. Wir erzählten einander, was wir seit den Tagen im *Flinders Ranges National Park* erlebt hatten. Es war schön, jemanden zu haben, der mir zuhörte. Am Abend, bevor sie wieder abreiste, machten wir einen Ausflug in die verschneiten Berge. Den Weg kannte ich und die Gefahr, dass ich mich wieder verirren würde, war gering. Ich erinnerte mich an den Spaziergang am Siebenmeilenstrand, wo ich mich in der Woche aufhielt, nachdem ich Caroline kennengelernt hatte. Damals wäre ich gerne mit ihr den Strand entlanggegangen. Jetzt spazierten wir durch den verschneiten Wald. In den Tagen nach Carolines Abschied fühlte ich mich antriebslos. Ich konnte mich einige Wochen nicht dazu aufraffen, in die Natur zu gehen.

Schließlich plante ich eine zweitägige Wanderung ins Karwendel. Den Rucksack auf meinem Rücken spürte ich nicht. Was mich belastete, war das Gefühl der Einsamkeit. So schnell ich auch ging, es ließ sich nicht abschütteln. Irgendwann begann es leicht zu regnen. Kurz vor Einbruch der Dunkelheit erreichte ich die Hallerangerhütte. Auf die Wirtin muss ich einen seltsamen Eindruck gemacht haben. Sie fragte mich, ob ich auf der Flucht sei. Nach dem Einchecken brachte ich meine Sachen auf mein Zimmer, das sich direkt unter dem Dach befand. Im Speisesaal war ich der einzige Gast, was damit zu tun gehabt haben dürfte, dass ich an einem Wochentag der Vorsaison, noch dazu bei schlechtem Wetter, unterwegs war. Nachdem ich die Suppe mit Knödeln verspeist hatte, bat ich um eine zweite Decke und zog mich auf mein Zimmer zurück. Das Geräusch des Regens auf dem Schindeldach beruhigte mich und ließ mich rasch einschlafen. Ich träumte von meinem Vater.

Als ich am nächsten Morgen aufbrach, regnete es immer noch. Vor mir lag eine lange Etappe. Den Weg durchs Vomperloch, eine verlassene Gegend, in der sich während des Zweiten Weltkriegs Deserteure versteckt hatten, kannte ich. Ich war ihn vor einigen Jahren mit ein paar Freundinnen und Freunden, allerdings in entgegengesetzter Richtung, gegangen. Dass es auch felsige Passagen gab, die bei Regen nicht ganz ungefährlich waren, hatte ich nicht bedacht. Dies zwang mich, langsam und konzentriert zu gehen.

Die Wanderung erinnerte mich an die finstere Schlucht, die im Psalm 23 vorkommt und die für mich die Einsamkeit symbolisierte, gegen die ich mich in meinem ersten Ordensjahr auflehnte. Die Zumutung der Einsamkeit war unerträglich. Nun ging ich wieder durch eine solche Schlucht. Die Einsamkeit war zwar noch da, aber ich konnte auch andere Dinge wahrnehmen. Hin und wieder blieb ich stehen, um die Schönheit dieser verborgenen Gegend in mich aufzunehmen. Als ich nach einigen Stunden Fußmarsch das Inntal erreichte, war ich trotz des Regenponchos etwas durchnässt, aber innerlich ruhig und zufrieden. Im Warteraum des Regionalbahnhofs zog ich mir die nassen und verschwitzten Sachen aus, aß etwas und wärmte mich auf. Ich traf einen ehemaligen Jugendleiter aus unserem Jugendzentrum. Ich freute mich mit ihm, als er mir erzählte, dass er und seine Frau, die er im Jugendzentrum kennengelernt hatte, ihr erstes Kind erwarten.

Im Frühjahr 2005 legte ich – wie bei uns Jesuiten üblich – erneut die Gelübde ab, die ich bereits sechzehn Jahre zuvor, am Beginn meines Ordenslebens, abgelegt hatte.

Zwei Gruppenleiterinnen unseres Jugendzentrums entschieden sich, nach ihrer Matura ein freiwilliges soziales Jahr in Rumänien zu machen. Georg Sporschill, der auch die Obdachlosenhäuser in Wien geleitet hatte, war seit 1991 in Bukarest und hatte dort begonnen, für Kinder, die nach dem Zusammenbruch des Ceauşescu-Regimes in den Kanälen um den Nordbahnhof lebten, ein Zuhause aufzubauen. Eines der ersten Sozialzentren stand am Platz Concordia, der zum Namensgeber des Vereins und der Stiftung Concordia wurde. Die beiden Jugendlichen aus Innsbruck baten mich, für die Gruppe der Freiwilligen einige Einkehrtage zu gestalten. Der erste Teil fand im Sozialzentrum Lazarus in Bukarest statt, in dem Straßenkinder übernachteten und die meisten Volunteers im Einsatz waren. Die Stimmung im Haus Lazarus erinnerte mich an die Zeit in der Wiener Obdachlosen- und Jugendarbeit. Für den zweiten Teil fuhren wir in die Südkarpaten. Wir wohnten bei einer Familie, die zwei Volontäre bei einem Ausflug kennengelernt hatten. Das Ehepaar stellte uns ihr Schlaf- und ihr Wohnzimmer zur Verfügung und schlief in der Küche. Einen Teil der Übungen, die ich vorbereitet hatte, machten wir im Freien, den zweiten Teil in der engen Wohnung. Ich kam verändert von diesen Einkehrtagen zurück und fragte mich, ob nach zehn Jahren Jugendarbeit in Österreich die Zeit reif war, etwas Neues in Angriff zu nehmen.

Bei meinem nächsten Gespräch mit dem Provinzial erzählte ich ihm von meinem Wunsch, in die Sozialarbeit zurückzukehren. Er ging darauf ein, erklärte mir aber, dass das nicht von heute auf morgen ginge. Es dauerte zwei Jahre, bis er jemanden fand, der mich in Innsbruck ablöste, und bis ich nach Sofia übersiedelte, um dort das erste Concordia-Sozialzentrum in Bulgarien aufzubauen.

Während des letzten Jahres, das ich im Innsbrucker Jugendzentrum verbrachte – es war das Jahr 2007 –, wurde ich von Jugendlichen gebeten, als kirchlicher Vertreter an einer Podiumsdiskussion mit dem Titel *Sex, Crimes and Vatican* teilzunehmen. Mir war bewusst, dass ich mich auf einen „heißen Stuhl" setzte. Die Jugendlichen hatten sich auf das Gespräch gut vorbereitet. US-amerikanischen Bischöfen konnte nachgewiesen werden, dass sie vom Missbrauch durch Priester gewusst, dies aber nicht hinreichend verfolgt hatten. Die Jugendlichen, die den Diskussionsabend organisierten, machten auf einen Missstand aufmerksam, für dessen Aufarbeitung die Kirche noch lange brauchen würde, nämlich auf die Tatsache, dass die strikte Geheimhaltung, die damals von der Kirchenleitung im Zusammenhang mit Missbrauch praktiziert wurde, hauptsächlich den Tätern nützte. Das Thema berührte mich. Ich hörte an dem Abend vor allem zu und betonte, ich sei nicht gekommen, um etwas zu verteidigen, was nicht zu verteidigen ist.

Beim Workshop zum Thema Sozialarbeit, der in den letzten Wochen meiner Ausbildung in Australien stattfand, hatten wir unterschiedliche Referenten. Einer von ihnen war ein ehemaliger Jesuit aus Indien. Er sparte nicht mit Kritik an den Jesuiten. Er meinte, dass Jesuiten Armut und soziale Gerechtigkeit gerne erforschen und darüber sprechen, aber wenn es um konkretes Engagement geht, dann würden wir ausweichend reagieren und uns in die Perfektion unseres Wissens zurückziehen. Sein Vier-Stufen-Lernmodell, das er auf die Sozialarbeit bezog, das sich aber auch auf andere Aufgabenfelder anwenden lässt, prägte ich mir ein.

Die erste Phase bezeichnete er als „Glückseligkeit: Wir wissen nicht, dass wir nichts wissen." Für mich waren das die Anfänge des Sozialprojekts in Sofia, als ich meinte, ich könne Kinder und Jugendliche ganz einfach von der Straße holen.

Es folgt der „Abstieg in die Hölle: Wir wissen, dass wir nichts wissen." Das waren für mich die ersten Monate in Bulgarien, als mir klar wurde, wie wenig wir unter jungen Menschen, die schon länger auf der Straße lebten, bewegen konnten, und als wir manche von ihnen beim Sterben begleiteten. Ähnlich wie auf meiner Reise durch die USA und Mexiko merkte ich, wie anders sich das Leben am Rand der Gesellschaft anfühlt.

Die dritte Stufe ist die „harte Arbeit: Wir verstehen einzelne Dinge, die wir vorher nicht verstanden haben." Für mich waren das die kleinen mühsamen Schritte, unter den jungen Menschen eine Gemeinschaft aufzubauen, in der sie sich wohl fühlten und wieder an ihre Zukunft glauben konnten.

Unser Referent meinte, dass die „Hölle" und die „harte Arbeit" jene Bereiche sind, in denen wir uns meistens bewegen, was ich für die ersten beiden Jahre in Bulgarien bestätigen konnte.

Der vierte Lernschritt sei schließlich der Bereich, in dem wir „unbewusst kompetent agieren". Auf mich bezogen zählte ich Begegnungen mit Jugendlichen in Notsituationen dazu, wo mir offenbar mein tätiger und zupackender Charakter zur Seite stand und die Situationen oft eine positive Wende nahmen.

Der Workshopleiter wies auch auf die Gefahr hin, dass Erfolg der Überheblichkeit ausgesetzt ist. In den Sozialprojekten kam es vor, dass Menschen, die Großes leisteten, eigene Gesetze aufstellten und sich um die Gemeinschaft, in der sie lebten, nicht mehr kümmerten.

Mir blieben, anders als geplant, statt sechs nur vier Jahre für die Aufbauarbeit des Concordia-Sozialprojekts in Bulgarien.

In Bulgarien war ich mehr auf mich allein gestellt, als ich es gewohnt war. Immer wieder musste ich schwierige Entscheidungen treffen und heikle Situationen bewältigen. Ich war von unterschiedlichen Seiten Anfeindungen ausgesetzt. Als beim Joggen ein langer Dorn die Sohle meines Schuhs durchbohrte, fixierte ich ihn auf einem Blatt Papier und schrieb den Spruch „Tod, wo ist dein Stachel?“ (Erster Korintherbrief 15,55) darunter.

Die Kinder, die in einer rauen und zum Teil unmenschlichen Umgebung aufwuchsen, sehnten sich nach Zärtlichkeit und Geborgenheit. Vielen Jugendlichen und jungen Erwachsenen, die bei uns anklopften, war diese lebenswichtige Zuneigung während ihrer Kindheit vorenthalten worden. Ihren Hunger zu stillen, war eine der wichtigsten Aufgaben unseres Teams. Ich spürte, dass ich dabei an meine Grenzen stieß. Ich war nur in dem Maß fähig, Zärtlichkeit und Nähe zu vermitteln, in dem ich das in mir verspürte oder zuließ.

Es gab viele Menschen, die mich in der Aufbauphase unterstützten. Auch meine Eltern versäumten keine Gelegenheit, nach ihren Möglichkeiten für das Projekt zu werben und zu spenden.

Am Ende des ersten Jahres besuchten sie mich in Sofia. Wir verbrachten viel Zeit miteinander und genossen die schönen Seiten Bulgariens.

Wenn ich auf meine Kindheit und Jugend zurückschaue, sorgte in erster Linie meine Mutter für den Zusammenhalt in der Familie. Sie war die Kommunikative, die allen mit Interesse begegnete und auf sie zuging, auch wenn sie vielleicht eine andere Meinung als ihr Gegenüber vertrat. In ihrer Welt hatten alle Platz. Die Begegnungen im Sozialprojekt boten mir eine Vielzahl an Möglichkeiten, all das, was mir meine Mutter vorgelebt hatte, anzuwenden. Mein Vater begann angesichts der Not, die ihm in Bulgarien begegnete, Aspekte seiner Kindheit zu erzählen, die neu für mich waren. Ähnlich wie die Familien, denen wir in Sofia halfen, war seine Mutter während der Zwischenkriegsjahre und des Zweiten Weltkriegs als Alleinerzieherin mit vier Kindern auf die Hilfe der Caritas, der Pfarrgemeinde und anderer angewiesen. Die Situation in Sofia bewog meinen Vater dazu, seine verwundbare Seite zu zeigen. Wenige Jahre später erkrankte mein Vater an Demenz. Es gelang ihm, die Krankheit anzunehmen, manchmal sogar mit Humor. Die letzten Monate waren hart für ihn. Bei einem Besuch im Pflegeheim fragte mich eine anwesende Frau, wer ich sei. Ich sagte, dass ich der Sohn von dem Herrn sei, worauf er antwortete: „Wo siehst du hier einen Herrn?“

In der Zeit, als ich in Wien in den Sozialzentren tätig gewesen war, hatte ich meine Probleme mit Autorität und mit bestimmten Personen, die Macht verkörperten. Im Rahmen eines Buchprojekts lud mich Georg Sporschill damals ein, eine Frage zu formulieren, die mich beschäftigte. Nach einigem Zögern folgte ich seiner Einladung und verpackte meine Frage zum Thema Umgang mit Macht in das Bibelzitat „Du sollst dich nicht Vater nennen lassen"[9] (Matthäusevangelium 23,9). Nach vier Jahren in Bulgarien stellte ich fest, dass mich das Leben mit den Kindern und Jugendlichen verändert hatte. Ich akzeptierte, dass ich in meiner Rolle als Leiter einer Einrichtung mit Widerständen zurechtkommen und jene Jugendliche, die die Schwächen anderer ausnützten, in die Schranken weisen musste. Rückblickend habe ich verstanden, dass sich der Einsatz lohnt, nicht nur weil die Schwächeren einen Platz fanden, an dem sie sich wohl fühlten, sondern weil die Stärkeren die Auseinandersetzung mit mir schätzten. Ich wurde für sie zu einer Vaterfigur, die ihnen Halt gab, indem ich mich auf Auseinandersetzungen mit ihnen einließ.

Als schönes Beispiel dafür, dass sie sich an diesem Ort wohl fühlten, sprayten Volontärinnen und Volontäre mit den Kindern und Jugendlichen – mit unserer Erlaubnis – ein riesiges Graffiti auf die Fassade unseres Sozialzentrums in Sofia. Als Motiv wählten sie einen Baum, in dem viele bunte Vögel sitzen. Vielleicht täusche ich mich, aber ich glaube nicht, dass sie wussten, dass es dazu eine Bibelstelle gibt (Matthäusevangelium 13,31): Das Senfkorn ist das kleinste unter den Samenkörnern, aber es wird zu einem großen Baum, in dem sich die Vögel des Himmels niederlassen können.

---

9 Georg Sporschill, Verstehst Du mein Problem? Pater Georg Sporschill antwortet jungen Menschen (= Veröffentlichungen des Ludwig-Boltzmann-Institutes für Präventiv- und Rehabilitationspsychologie im Jugendalter, Wien), Herder, Freiburg im Breisgau, Basel, Wien 1988, S. 115–119.

Aus meinem Wunsch, in die Sozialarbeit zurückzukehren, wuchs in Bulgarien über die Jahre ein Sozialprojekt, das zahlreichen jungen Menschen neue Hoffnung gibt.[10]

Im Sommer 2012 übersiedelte ich von Bulgarien nach Innsbruck, wo ich eine Leitungsaufgabe innerhalb unserer Ordensgemeinschaft übernahm. Den Concordia-Projekten blieb ich treu. Georg Sporschill hatte sich 2011 aus der Stiftung Concordia zurückgezogen und ein neues Projekt gegründet. Durch seinen Rückzug wurde ich gebeten, eine aktive Rolle im Vorstand der Concordia-Stiftung einzunehmen, die sich in den letzten zehn Jahren kontinuierlich weiterentwickelt hat.

Seit ich meinen Hauptwohnsitz nach Österreich verlegen musste, lässt sich meine Tagesstruktur in zwei Kategorien einteilen. Es wechseln Wochen, in denen ich mich für soziale Themen in Österreich oder in Osteuropa engagiere, mit Wochen, die ich vorwiegend an meinem Schreibtisch verbringe oder Aufgaben wahrnehme, für die meine Anwesenheit in der Jesuitengemeinschaft notwendig ist. Die vier Jahre, während denen ich als einziger Jesuit in Bulgarien gelebt hatte, halfen mir, die Vorzüge des Lebens in einer Gemeinschaft zu genießen. Es gibt einen gewissen Rhythmus, in dem es sich gut leben lässt. Wie in jeder Gemeinschaft erfordert das gemeinsame Leben auch hier, immer wieder neu Respekt zu zeigen.

Gefängnisbesuche hatte ich in meiner Zeit in Bulgarien oft gemacht. Nun bat mich ein junger Mann, mit dem ich via Social Media Kontakt hielt, im Vorfeld einer Reise nach Osteuropa, ihn wieder einmal im Gefängnis zu besuchen. Die Umstände des Be-

10 Markus Inama, Der Hoffnung ein Zuhause geben. Die vergessenen Kinder von Sofia, Styria, Wien 2017.

suchs waren diesmal besonders. Alle zwei Monate erhielten die Gefangenen eine Sondererlaubnis, mehrere Personen in einem Zimmer, also nicht im gewöhnlichen Besucherraum, in dem man durch Gitter getrennt war, zu empfangen. Der Gefangene sagte mir auch, dass für den Besuch nicht eine, sondern vier Stunden anberaumt waren. Im Warteraum begegnete ich drei jungen Erwachsenen, einer Frau und zwei Männern, mit denen ich die nächsten Stunden verbringen würde. Mir wurde bewusst, dass ich zu einem kleinen Kreis von Menschen gehörte, die dem Gefangenen nahe standen. Die drei jungen Leute und der Gefangene kannten sich relativ gut und daher war klar, dass sich unser Gespräch im gemütlichen Begegnungsraum mehr um Themen drehte, die sie miteinander verbanden und die für mich neu waren. Was ich anfangs unterschätzte war die Tatsache, dass ich mich nicht, wie bei einem Besuch bei Freunden, verabschieden konnte, sobald ich den Eindruck hatte, es wäre Zeit zu gehen. Ich spürte einen Hauch davon, was es heißt, eingesperrt zu sein und nicht wählen zu können, mit wem ich wieviel Zeit verbringe. Und so wurde ich im Lauf der vier Stunden nicht nur mit den drei mir bis dahin unbekannten Jugendlichen vertraut, ich lernte auch den Gefangenen von einer ganz anderen Seite kennen.

Weil ich die Temperatur im Gefängnis falsch eingeschätzt hatte, fror ich. Der Gefangene bemerkte es und lieh mir seine Kapuzenjacke. Bei der Verabschiedung gab ich ihm die Jacke zurück. Abends, als ich mich schlafen legte, hatte ich am Oberkörper ein paar rote juckende Stellen. Die Symptome kamen mir sofort bekannt vor. Scheinbar hatte ich einem hungrigen Gefängnisfloh zu einer Ortsveränderung verholfen.

Ein ähnliches Projekt war die Einladung eines katholischen Bischofs, in die Republik Moldau zu kommen, um Jugendlichen

Handlungsanweisungen aus dem Glauben zu geben. Die Einladung machte mich eher skeptisch. Wahrscheinlich, weil ich dahinter einen Reglementierungsversuch vermutete. Ich bereitete zwei Workshops vor. Beim ersten ging es mir darum, dass die Jugendlichen ihren Träumen auf die Spur kommen. Um eine vertrauensvolle Atmosphäre zu schaffen, nahm ich einige Musik-CDs mit. Die Mappe mit Symbolbildern, die ich über die letzten Jahre gesammelt hatte, war auch in meinem Gepäck. Nach einer kurzen Einführung hatte jede und jeder Jugendliche Zeit, sich bei meditativer Hintergrundmusik einige Bilder, die auf dem Boden verteilt waren, auszusuchen. Anschließend erzählten die Mädchen und Burschen anhand der ausgewählten Bilder über ihre Träume. Für viele stand das Thema Familie im Vordergrund, was mich angesichts der Tatsache, dass die meisten von ihnen von ihren Eltern verlassen worden waren, besonders berührte.

Ziel der zweiten Einheit war, über ihr bisheriges Leben nachzudenken, um daraus Hinweise zu erhalten, was sie mehr zum Leben hinführt und was sie am Leben hindert. Als Aufhänger für diesen Workshop verwendete ich den Spruch des Philosophen Sören Kierkegaard: „Verstehen kann man das Leben rückwärts; leben muss man es aber vorwärts." Beim Austausch schilderten die Jugendlichen Stationen ihres bisherigen Lebensweges. Manche Burschen überspielten ihre Unsicherheit mit Scherzen. Bei anderen staunte ich, wieviel Lebenserfahrung sie mit ihren 14 bis 18 Jahren bereits gesammelt hatten. Die Jugendlichen lernten voneinander wohl am meisten.

Die Zugfahrten oder Flugreisen sind in der Regel eine willkommene Abwechslung. Für das Überbrücken langer Wartezeiten habe ich meine Kopfhörer dabei. Die Playlist meines Smartphones besteht aus Liedern, die mich schon seit der Jugend begleiten, als ich regelmäßig für einige Stunden im Plattengeschäft meines Heimatortes verschwunden bin. Über die Jahre kamen Alben dazu, die ich von Freundinnen und Freunden, die meinen Musikgeschmack kennen, geschenkt bekommen oder die ich mir selbst gekauft habe. Bei einem Konzert, zu dessen Besuch ich mich spontan entschlossen hatte, wurde ich auf den irischen Sänger Mick Flannery aufmerksam, dessen Balladen mich berührten. Seine meist meditativen Lieder helfen mir, Schwieriges zu verarbeiten und mit leidvollen Erfahrungen, die ich gemacht habe und die sich nicht so leicht einordnen lassen, behutsamer umzugehen. Eine Zeile in einem seiner Lieder bringt das besonders gut zum Ausdruck: *The pain you leave unfelt, shall pass to someone else*[11] (Der Schmerz, den du verdrängst, wird auf jemand anderen übergehen).

Seit meiner Reise in die USA lese ich regelmäßig in der Bibel. Wie sehr mich das Lesen und Meditieren biblischer Texte verändert, ist schwer zu sagen. Gelegentlich kommt es vor, dass bei bestimmten Bibeltexten ein Funke überspringt. So zum Beispiel bei der Betrachtung der Stelle, die beschreibt, wie Jesus einen Zöllner in seinen Freundeskreis beruft. Ich war an dem Tag, als ich die Schriftstelle meditierte, zufällig auf einer öden Ausfahrtsstraße entlang gegangen und an einer Tankstelle vorbeispaziert. Beim Betrachten der Bibelstelle mit Jesus und dem Zöllner dachte ich spontan an die besagte Tankstelle und mir fielen die trostlosen Wochenenden ein, an denen ich während meiner Schulzeit als Tankwart mein Taschengeld verdiente. Die Tankstelle scheint mir als ein Symbol meiner durchwachsenen Jugendjahre.

11 Mick Flannery, I've got a darkness, auf Mickmass EP, Vol. 1, 2018, Rosaleen Records.

Nach der Priesterweihe verschlug es mich zwölf Jahre in die Jugendarbeit. Wahrscheinlich waren die Erfahrungen meiner Jugend die beste Vorbereitung für diese Aufgabe.

Was aus meinen Träumen wurde

„Wahre überall die Freiheit des Geistes." (*Ignatius von Loyola*)
Auf meinem Weg lernte ich unterschiedliche Facetten von Freiheit kennen. Bei den Jesuiten spielt die innere Freiheit gegenüber den Dingen eine wichtige Rolle. Diese im stressigen Alltag zu bewahren und die Spielräume zum Guten hin zu nützen, ist eine Herausforderung.

Im Sommer 2019 traf ich Arno – meinen Jugendfreund aus Vorarlberg – in Wien. Er lud mich zu einer Ausstellung ein, zu der er ein Bild beigesteuert hatte. Seinen Wiener Bekannten stellte er mich als seinen kleinen Bruder vor. Wir lachten. Ich hatte die Masche aus unseren Jugendjahren bereits vergessen. Als ich Arno unmittelbar vor meinem Eintritt in den Orden besucht hatte, verglich er unsere beiden Wege mit den beiden Hauptfiguren des Romans „Narziss und Goldmund" von Hermann Hesse. Die beiden lernten sich in einer Klosterschule kennen. Der Ältere von beiden wurde Ordensmann, der Jüngere Künstler. Bei uns war es umgekehrt. Das Buch „Narziss und Goldmund" hatte zwar auf der Leseliste meiner Deutsch-Matura gestanden, ich hatte es aber nie gelesen. Nach unserem Treffen holte ich das nach. Ich erkannte gewisse Parallelen. Die beiden Freunde sind auf der Suche nach Vollkommenheit. Der Ältere hilft dem Jüngeren, seinen Weg zu finden, obwohl das bedeutet, dass sich ihre Wege trennen. Den Jüngeren zieht es auf seiner Suche in die Welt hinaus. Gegen Ende der Erzählung führen ihre Wege wieder zusammen.

Nach meinem Abschied vom Fashion-Team im Jahr 1983 hat es den einen oder anderen Berührungspunkt gegeben. 2015 erhielt ich ein Mail mit der Einladung zur Verabschiedung der beiden Leiter Walter und Hannes in die Pension. Nach den feierlichen Würdigungen der beiden Neo-Pensionisten ergriffen sie selbst das Wort und schilderten die Anfänge der Modeschauen. Nach den Reden gab es eine Playback-Show des aktuellen Fashion-Teams. Ich erinnerte mich an die eine oder andere einstudierte Vorführung aus meiner aktiven Zeit. Bei den Modeschauen war es unsere Aufgabe gewesen, eine gute Figur zu machen, um Kleidung von verschiedenen Modelabels zu bewerben. Ich fragte mich, wie es wäre, wieder zu dieser so anderen Welt zu gehören. Nun war es meine Hauptaufgabe, möglichen Spenderinnen und Spendern Projekte für Kinder vorzustellen, die ich in Osteuropa kennengelernt hatte und die unter menschenunwürdigen Bedingungen aufwuchsen. Ich fühlte Zuversicht, auf einem guten Weg zu sein.

Die U-Bahnstation, die ich immer dann anvisiere, wenn ich zum Wiener Hauptbahnhof muss, ist der Stephansplatz. Meistens bin ich in Eile und es ist manchmal mühsam, mit meinem Trolley einen Weg durch die Menschenmassen zu finden. An einem Sonntagvormittag nahm ich mir einmal bewusst Zeit, setzte mich auf eine Bank vor dem Dom und ließ Wiens Wahrzeichen auf mich wirken. Unter den wenigen Passanten, die mir begegneten, war Herbert, den ich während meiner Zeit im Jugendhaus in der Blindengasse in seiner Wohnung aufgesucht und eingeladen hatte. Er bekreuzigte sich, als er mich sah. Als ich das nicht sofort erwiderte, fragte er mich, ob ich nicht Priester sei. Schmunzelnd bedankte ich mich für die Erinnerung und machte ein Kreuzzeichen. Er war zufrieden. Für mich war es nicht die erste Begegnung dieser Art, die mich an die wichtigen Jahre vor meinem Ordenseintritt erinnerte, als ich nach meiner Bestimmung suchte und diese in den Projekten für notleidende Menschen fand.

Auf dem Rückflug aus Sofia, wo ich und eine Concordia-Mitarbeiterin für einige Tage mit einem Team von Journalistinnen und Journalisten unterwegs waren, begrüßte uns wie immer der Flugkapitän. Ich erkannte die Stimme und den Namen. Der Pilot war als Student öfter in unserem Jugendzentrum in Innsbruck gewesen. Ich bat eine Stewardess, ihm einen Gruß auszurichten. Sie kam zurück und bat mich, nach vorne zu kommen. Mein Freund stand vor dem Cockpit und lud mich ein, hereinzukommen. Ich war überrascht, dass dies überhaupt möglich war. Er stellte mich seinem Co-Piloten vor. Ich nahm auf dem Notsitz hinter den beiden Piloten Platz. Sie erklärten mir überblicksmäßig die Anzeigen auf dem riesigen Armaturenbrett. Nach einiger Zeit wollte ich mich mit dem Hinweis verabschieden, dass ich sie nicht weiter stören wolle. Sie meinten, dass ich bis zur Landung im Cockpit bleiben könne. Eine Zeit lang hörte ich ihren Gesprächen zu und beobachtete sie aufmerksam, als sie mit der Landevorbereitung begannen. Sie entschieden sich, dass sie diesmal nicht mit dem Autopiloten, sondern händisch landen würden.

Irgendwann schweifte ich ab und dachte an meinen Jugendtraum, Pilot zu werden. Ein Pilot bringt Menschen in die Ferne und auch in die Heimat zurück. War es das, was ich suchte – eine spirituelle Heimat und gleichzeitig Verbundenheit mit einer offenen, immer herausfordernden Welt?

Nachwort

Im September 2018 wurde mein Vater in ein Pflegeheim aufgenommen. Ich hätte gerne mehr Zeit gehabt, ihn dort zu besuchen. Fünf Tage vor seinem Tod sah ich ihn das letzte Mal. Es waren sehr wertvolle Stunden. Es ging ihm nicht gut, was er auch ohne Umschweife sagte. Einige Male bat er mich inständig, ihm zu helfen. Ich hielt ihm die Hand. Ich richtete ihn auf. Es schien, als ob er langsam in sich versinken würde. Die Momente, die sich mir besonders einprägten, waren, als wir uns lange in die Augen schauten und uns anlächelten.

Bevor ich in den Zug stieg, besuchte ich noch die Abendmesse. Der Prediger zitierte einen Spruch von Antoine de Saint-Exupéry: „Liebe besteht nicht darin, dass man einander anschaut, sondern dass man gemeinsam in dieselbe Richtung blickt." In der darauffolgenden Woche brach ich nach Bulgarien auf. Am Tag nach meiner Rückkehr starb mein Vater.

Ein Traum, der sich seither in unterschiedlichen Varianten wiederholt, tröstet mich. Einmal ist es eine Pilgerreise mit mehreren Tagesetappen, das andere Mal ist es der Besuch in einem Sozialprojekt, das ich nicht kenne. Wenn ich in der Herberge oder im Sozialzentrum ankomme, ist zu meinem Erstaunen mein Vater bereits dort und ich freue mich sehr, ihn wiederzusehen.

Dank

Für die Rückmeldungen zur ersten Fassung des Manuskripts bin ich vor allem Stephan Kessler, einem langjährigen Weggefährten, dankbar.

Ulla Konrad, mit der ich schon über zehn Jahre gemeinsam im Concordia-Vorstand bin, gab mir wertvolle Hinweise.

Die Ermutigung durch Dominik Markl, dessen sprachliches Gespür mich immer wieder beeindruckt, war mir in der Entwurfsphase besonders wichtig.

Bei der Überprüfung der Fakten zu den Obdachlosenprojekten der Caritas war das Gespräch mit Christian Wetschka, dem Pastoralassistenten der Wiener Caritasgemeinde, sehr hilfreich. Christian Marte danke ich für seine kritischen Rückmeldungen zu einzelnen Kapiteln, die mich vor Einseitigkeiten bewahrt haben.

Mein Dank geht auch an Gabriele Ludescher für ihr wohlwollendes Feedback und ihre Hilfe beim Verbessern von grammatikalischen und stilistischen Mängeln.

Für den letzten Schliff möchte ich mich bei Sibylle Ransmayr herzlich bedanken. Die intensiven Gespräche halfen mir, die Grenze zwischen dem, was gesagt werden kann, und dem, was ungesagt bleibt, auszuloten.

Brunhilde Steger vom Tyrolia-Verlag möchte ich Danke sagen für die hilfreichen Tipps bei der Gliederung des Buches und anderes mehr.

Ebenso bedanke ich mich bei Helene Daxecker-Okon (Tyrolia), die mit sehr viel Gespür die Endredaktion übernommen hat.

Die grafische Gestaltung der Kapitel stammt aus der Feder von Martin Lorenz. Unsere Wege kreuzen sich wiederholt seit der gemeinsamen Zeit im Innsbrucker Jugendzentrum MK. Für Idee und Umsetzung des Umschlags ist Christian Bargehr, Mitarbeiter der Wiener Regionalverwaltung der Jesuiten, verantwortlich. Beiden ein herzliches Dankeschön!

Abschließend möchte ich den Mitbrüdern der Wiener Jesuitenkommunität, in der ich seit vier Jahren lebe, und meiner Mutter und meinen Geschwistern in Vorarlberg für den Rückhalt danken, den sie mir geben. Ich erlebe mich auf mehrfache Weise privilegiert, die jeweiligen Gemeinschaften erfahren und erleben zu können.

Weiterführende Links:
www.jesuiten.at
www.concordia.or.at
www.jesuitvolunteers.org
www.jesuit-volunteers.org
www.mk-innsbruck.at/
www.zukunftswerkstatt-innsbruck.org/
www.zukunftswerkstatt-sj.de/
www.jrs.net/en/home/

MIX
Papier aus verantwortungsvollen Quellen
FSC® C014138

Nachhaltige Produktion ist uns ein Anliegen; wir möchten die Belastung unserer Mitwelt so gering wie möglich halten. Über unsere Druckereien garantieren wir ein hohes Maß an Umweltverträglichkeit: Wir lassen ausschließlich auf FSC®-Papieren aus verantwortungsvollen Quellen drucken, verwenden Farben auf Pflanzenölbasis und Klebestoffe ohne Lösungsmittel. Wir produzieren in Österreich und im nahen europäischen Ausland, auf Produktionen in Fernost verzichten wir ganz.

Mitglied der Verlagsgruppe „engagement“

Umschlaggestaltung: Christian Bargehr
Layout und digitale Gestaltung: Tyrolia-Verlag
Zeichnungen: Martin Lorenz – LWZ Design & Animation
Druck und Bindung: FINIDR, Tschechien
ISBN 978-3-7022-4065-3
E-Mail: buchverlag@tyrolia.at
Internet: www.tyrolia-verlag.at